KB247805

Power Voca

이나영 지음

1 중급

Happy House

| 저 자 약 력 |

이나영

- University of Arizona EL/L (TESOL) 석사
- 現 이나영 영어학원 원장

미리 알아두세요!

명	**명사** *n.*	사람 또는 사물의 이름
대	**대명사** *pron.*	명사를 대신하여 쓰이는 말
동	**동사** *v.*	동작이나 상태를 나타내는 말
형	**형용사** *a.*	성질, 상태, 수량, 크기 등을 나타내는 말
부	**부사** *adv.*	동사, 형용사, 다른 부사 또는 문장 전체를 꾸며 주는 말
조	**조동사** *aux.*	동사 앞에 와서 동사의 의미를 더해주는 말
전	**전치사** *prep.*	명사나 대명사 앞에 나와 의미를 더해주는 말
접	**접속사** *conj.*	단어, 구, 문장을 이어 주는 말
감	**감탄사** *int.*	기쁨, 슬픔, 놀람 등의 감정을 나타내는 말

영어는 이제 학교에서만 배우는 제2의 외국어가 아니라 우리 생활에 흔히 접하는 언어이며 학업성취나 사회적 성공에서 없어서는 안 될 기본적인 언어 능력이 되었습니다. 그럼 이렇게 중요한 영어를 잘하기 위해서는 어떻게 해야 할까요? 우선 영어의 기초가 되는 단어를 알아야 할 것입니다. 그러나 단어의 철자와 뜻만 열심히 외운다고 영어를 잘하게 되는 것은 아닙니다. 단어의 철자와 뜻도 알고 아는 단어 수가 많아지는 것도 필요하지만, 중요한 것은 단어가 어떤 경우에 어떻게 사용되는지 실생활에서 쉽게 활용할 수 있어야 한다는 것입니다.

Power Voca 시리즈는,

첫째, 실용적인 구와 문장으로 여러분을 생활영어의 달인으로 만들어 줄 것입니다.

학습한 단어들이 일상생활에서 어떻게 쓰이는지 실제 생활영어 속에서의 구문과 문장으로 제공합니다. 그래서 어휘력과 함께 실생활 영어 회화 표현이 쑥쑥 자라도록 합니다. 또한, 평소 우리말로 잘 쓰는 표현을 영어로 어떻게 말하는지도 확인함으로써 일상생활에 쉽게 사용할 수 있습니다.

둘째, 교과부 지정 영어단어를 총망라하여 여러분의 학교 시험에 대비할 수 있도록 합니다.

배운 단어가 여러분의 학교 시험에 나온다면 자신감도 생기고 영어학습에 대한 흥미도 증진시켜 줄 것입니다. 전체 5권 시리즈에 걸쳐 교과부에서 지정한 2,988개의 영어단어 중 중요하고 빈도수가 높은 2,016개의 단어를 선정하여 학습할 수 있도록 하였습니다. 특히 초급 1, 2권에는 초등학생이 알아야 할 필수 영어단어를 빠짐없이 수록하여 학교 회화 시험에 자신감이 생기도록 하였으며, 매일매일 부담되지 않는 학습량으로 점차 어휘력을 확장해 나갈 수 있습니다.

셋째, 체계적인 반복 학습 시스템으로 한 번 외운 단어를 절대 까먹지 않도록 합니다.

어렵게 외운 단어를 자꾸 까먹는다면 실력이 늘지 않을뿐더러 영어단어 공부가 지겨워질 것입니다. 영어 단어를 실용적인 구와 문장을 통해 연상작용으로 익히고, Exercise로 반복 학습하며, self test가 가능한 Workbook을 통하여 그날 배운 단어를 써보면서 단어를 완벽하게 암기하도록 합니다. 특히 무료 다운로드가 가능한 Daily Test를 이용하여 선생님들은 아이들의 실력을 쉽게 점검할 수 있습니다.

10여 년에 걸친 오랜 현장 경험을 통해 여러분에게 꼭 필요한 어휘 지식을 가장 효율적인 방법으로 암기하고 활용할 수 있도록 구성된 이 책을 통해서 여러분의 영어실력이 향상되고, 진정한 영어의 강자가 될 수 있기를 기원합니다. 파이팅!

이나영

CONTENTS

이 책의 구성 및 특징

단계별 24일 구성의 계획적인 학습을 통해
어휘 실력을 향상시킬 수 있도록 하였습니다.

QR코드로 단어와 문장을 들으며,
원어민의 발음을 통해 정확한 발음을
듣고 학습할 수 있도록 하였습니다.

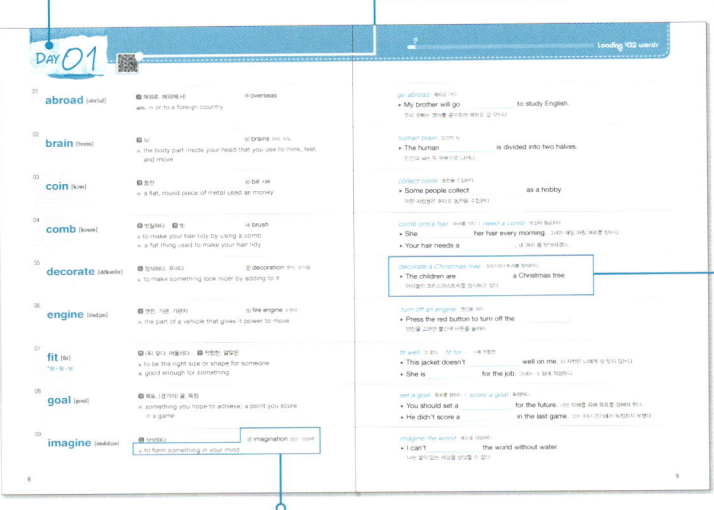

각 단어가 들어가는 유용한 구를
예시하여 단어에 대한 이해를 돕고,
그 구를 문장에서 활용하여 써 봄으로써
효과적으로 단어를 학습할 수 있도록
하였습니다.

단어의 의미는 물론 비슷한 난이도의 파생어를 다루어 단어의
확장학습이 이루어지도록 하였으며, 단어들을 영어로 풀이하여
단어에 대한 이해를 도울 수 있도록 하였습니다.

Exercise의 다양한 문제를 통해
앞에서 배운 단어들을 재검토하며
반복 학습할 수 있도록 하였습니다.

중학교 영어시험에 출제되는 단어에
대한 영영풀이 문제를 수록하였습니다.

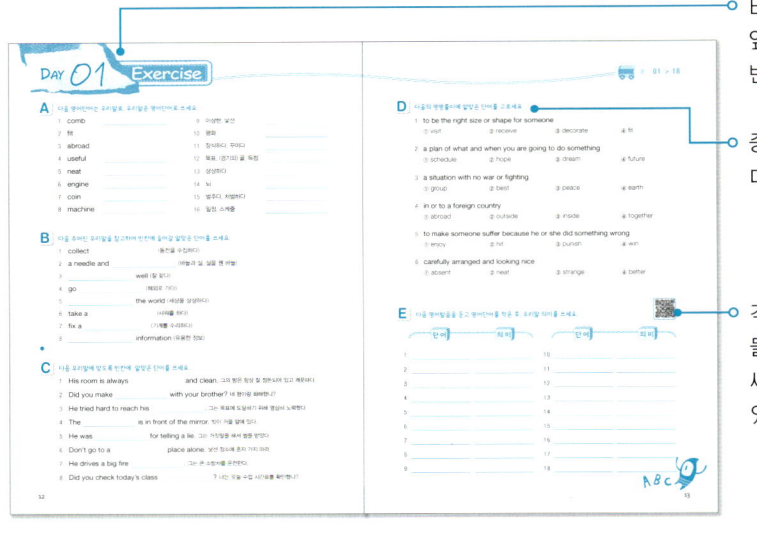

각 Day에 나오는 모든 단어를
들으면서 영어단어와 우리말 의미를
써보고, 단어를 완벽하게 정리할 수
있도록 하였습니다.

Workbook

그날 배운 단어를 써 보면서
단어의 의미와 철자를 확실히
익힐 수 있도록 하였습니다.
또한, 주어진 영어단어의 의미와
우리말에 대한 영어단어를 각각
써보면서 배운 단어에 대한
완벽한 이해 및 암기를
할 수 있도록 하였습니다.

Answers

각 Day별 Exercise 정답을 수록하여,
문제를 풀고 정답을 확인할 수 있도록
하였습니다.

Index

학습한 단어를 ABC 순으로 나열하여
필요한 단어를 그때그때 쉽게 찾아
확인할 수 있도록 하였습니다.

01

abroad [əbrɔ́:d]

튀 해외로, 해외에(서)　　　　　　　　유 overseas

adv. in or to a foreign country

02

brain [brein]

명 뇌　　　　　　　　참 brains 머리, 지능

n. the body part inside your head that you use to think, feel, and move

03

coin [kɔin]

명 동전　　　　　　　　참 bill 지폐

n. a flat, round piece of metal used as money

04

comb [koum]

동 빗질하다　　명 빗　　　　　　유 brush

v. to make your hair tidy by using a comb
n. a flat thing used to make your hair tidy

05

decorate [dékərèit]

동 장식하다, 꾸미다　　　　　　명 decoration 장식, 장식물

v. to make something look nicer by adding to it

06

engine [éndʒin]

명 엔진, 기관, 기관차　　　　　　참 fire engine 소방차

n. the part of a vehicle that gives it power to move

07

fit [fit]
fit - fit - fit

동 (꼭) 맞다, 어울리다　　형 적합한, 알맞은

v. to be the right size or shape for someone
a. good enough for something

08

goal [goul]

명 목표, (경기의) 골, 득점

n. something you hope to achieve; a point you score in a game

09

imagine [imǽdʒin]

동 상상하다　　　　　　명 imagination 상상, 상상력

v. to form something in your mind

go abroad 해외로 가다

▶ My brother will go _____ to study English.

우리 오빠는 영어를 공부하러 해외로 갈 것이다.

human brain 인간의 뇌

▶ The human _____ is divided into two halves.

인간의 뇌는 두 부분으로 나뉜다.

collect coins 동전을 수집하다

▶ Some people collect _____ as a hobby.

어떤 사람들은 취미로 동전을 수집한다.

comb one's hair 머리를 빗다 | *need a comb* 빗질이 필요하다

▶ She _____ her hair every morning. 그녀는 매일 아침 머리를 빗는다.

▶ Your hair needs a _____. 네 머리 좀 빗어야겠다.

decorate a Christmas tree 크리스마스트리를 장식하다

▶ The children are _____ a Christmas tree.

아이들이 크리스마스트리를 장식하고 있다.

turn off an engine 엔진을 끄다

▶ Press the red button to turn off the _____.

엔진을 끄려면 빨간색 버튼을 눌러라.

fit well 잘 맞다 | *fit for ~* ~에 적합한

▶ This jacket doesn't _____ well on me. 이 자켓은 나에게 잘 맞지 않는다.

▶ She is _____ for the job. 그녀는 그 일에 적합하다.

set a goal 목표를 정하다 | *score a goal* 득점하다

▶ You should set a _____ for the future. 너는 미래를 위해 목표를 정해야 한다.

▶ He didn't score a _____ in the last game. 그는 지난 경기에서 득점하지 못했다.

imagine the world 세상을 상상하다

▶ I can't _____ the world without water.

나는 물이 없는 세상을 상상할 수 없다.

10

machine [məʃíːn]

명 기계 　　　　　　　　　　　　　　참 washing machine 세탁기

n. a device using power to do a certain job

11

neat [niːt]

형 단정한, 정돈된, 깔끔한

a. carefully arranged and looking nice

12

peace [piːs]

명 평화 　　　　　　　　　　　　　　형 peaceful 평화로운

n. a situation with no war or fighting

13

punish [pʌ́niʃ]

동 벌주다, 처벌하다 　　　　　　　　　명 punishment 벌, 처벌

v. to make someone suffer because he or she did something wrong

14

schedule [skédʒu(ː)l]

명 일정, 스케줄

n. a plan of what and when you are going to do something

15

shower [ʃáuər]

명 샤워(하기), 샤워기, 소나기

n. the activity of washing yourself by standing under a shower; a brief fall of rain

16

strange [streindʒ]

형 이상한, 낯선 　　　　부 strangely 이상하게 참 stranger 낯선 사람

a. unusual or unexpected; not known to you

17

thread [θred]

명 실 　　　　　　　　　　　　　　유 yarn; string

n. a long, thin string used to sew cloth

18

useful [júːsfəl]

형 유용한, 쓸모 있는 　　　　　　　반 useless 가치 없는, 쓸모없는

a. helping you to do what you want

fix a machine 기계를 수리하다
▶ He is busy fixing a _____.
그는 기계를 수리하느라 바쁘다.

neat clothes 단정한 옷
▶ She always wears _____ clothes.
그녀는 항상 단정한 옷을 입는다.

world peace 세계 평화 | *the Nobel Peace Prize* 노벨 평화상
▶ He worked hard for world _____. 그는 세계 평화를 위해서 열심히 일했다.
▶ Who won the Nobel _____ Prize this year? 올해 노벨 평화상은 누가 받았니?

punish for ~ ~ 때문에 벌주다
▶ My teacher _____ me for being late for school.
우리 선생님은 내가 지각했기 때문에 벌을 주셨다.

busy schedule 바쁜 일정
▶ He can't sleep enough because he has a busy _____.
그는 바쁜 일정 때문에 잠을 충분히 못 잔다.

take a shower 샤워를 하다 | *heavy shower* 심한 소나기
▶ Take a _____ before going to bed. 잠자리에 들기 전에 샤워를 해라.
▶ A heavy _____ fell this afternoon. 오늘 오후에 심한 소나기가 내렸다.

strange person 이상한 사람 | *strange voice* 낯선 목소리
▶ I saw a _____ person on the street. 나는 거리에서 이상한 사람을 보았다.
▶ She heard a _____ voice. 그녀는 낯선 목소리를 들었다.

a needle and thread 바늘과 실, 실을 꿴 바늘
▶ My grandmother is looking for a needle and _____.
우리 할머니는 바늘과 실을 찾고 계신다.

useful information 유용한 정보
▶ Did you find some _____ information?
유용한 정보를 좀 찾았니?

A 다음 영어단어는 우리말로, 우리말은 영어단어로 쓰세요.

1	comb	_____	9	이상한, 낯선	_____
2	fit	_____	10	평화	_____
3	abroad	_____	11	장식하다, 꾸미다	_____
4	useful	_____	12	목표, (경기의) 골, 득점	_____
5	neat	_____	13	상상하다	_____
6	engine	_____	14	뇌	_____
7	coin	_____	15	벌주다, 처벌하다	_____
8	machine	_____	16	일정, 스케줄	_____

B 다음 주어진 우리말을 참고하여 빈칸에 들어갈 알맞은 단어를 쓰세요.

1 collect _____ (동전을 수집하다)

2 a needle and _____ (바늘과 실, 실을 꿴 바늘)

3 _____ well (잘 맞다)

4 go _____ (해외로 가다)

5 _____ the world (세상을 상상하다)

6 take a _____ (샤워를 하다)

7 fix a _____ (기계를 수리하다)

8 _____ information (유용한 정보)

C 다음 우리말에 맞도록 빈칸에 알맞은 단어를 쓰세요.

1 His room is always _____ and clean. 그의 방은 항상 잘 정돈되어 있고 깨끗하다.

2 Did you make _____ with your brother? 네 형이랑 화해했니?

3 He tried hard to reach his _____. 그는 목표에 도달하기 위해 열심히 노력했다.

4 The _____ is in front of the mirror. 빗이 거울 앞에 있다.

5 He was _____ for telling a lie. 그는 거짓말을 해서 벌을 받았다.

6 Don't go to a _____ place alone. 낯선 장소에 혼자 가지 마라.

7 He drives a big fire _____. 그는 큰 소방차를 운전한다.

8 Did you check today's class _____? 너는 오늘 수업 시간표를 확인했니?

D 다음의 영영풀이에 알맞은 단어를 고르세요.

1 to be the right size or shape for someone
　① visit　　　② receive　　　③ decorate　　　④ fit

2 a plan of what and when you are going to do something
　① schedule　② hope　　　　③ dream　　　　④ future

3 a situation with no war or fighting
　① group　　　② best　　　　③ peace　　　　④ earth

4 in or to a foreign country
　① abroad　　② outside　　　③ inside　　　　④ together

5 to make someone suffer because he or she did something wrong
　① enjoy　　　② hit　　　　　③ punish　　　　④ win

6 carefully arranged and looking nice
　① absent　　② neat　　　　③ strange　　　　④ better

E 다음 영어발음을 듣고 영어단어를 적은 후, 우리말 의미를 쓰세요.

단어	의미		단어	의미
1		10		
2		11		
3		12		
4		13		
5		14		
6		15		
7		16		
8		17		
9		18		

01

accident [ǽksidənt]

명 사고, 우연

n. a crash; something that happens without being planned

02

barber [bá:rbər]

명 이발사 참 **hairdresser** 미용사

n. a person whose job is to cut men's hair

03

branch [bræntʃ]

명 나뭇가지, 지점

n. the part of a tree with leaves or flowers; a local shop that is a part of a larger business

04

collect [kəlékt]

동 모으다, 수집하다 명 **collection** 수집, 수집품

v. to get and keep objects of the same type

05

deliver [dilívər]

동 배달하다, 전하다 명 **delivery** 배달

v. to take goods or letters to a particular place or person

06

enter [éntər]

동 들어가다(오다) 명 **entrance** 입구

v. to go or come into a place like a room or building

07

flat [flæt]

형 평평한, 납작한, 바람이 빠진

a. smooth and not sloping or curving

08

god [gɑd]

명 신, (G~) 하나님 참 **goddess** 여신

n. the spirit that is believed by some religions to control the world

09

insect [ínsekt]

명 곤충, 벌레 유 **bug**

n. a small animal that has six legs and often has wings

car accident 자동차 사고 | *by accident* 우연히

▶ He died in a car _____. 그는 자동차 사고로 죽었다.

▶ I saw her by _____ at the market. 나는 시장에서 우연히 그녀를 보았다.

barber shop 이발소

▶ My father goes to a _____ shop once a month.
우리 아버지는 한 달에 한 번 이발소에 가신다.

sit on a branch 나뭇가지에 앉다 | *branch office* 지사

▶ It's dangerous to sit on a _____. 나뭇가지에 앉는 것은 위험하다.

▶ The company has many _____ offices. 그 회사는 많은 지사를 가지고 있다.

collect seashells 조개를 모으다 | *collect stamps* 우표를 수집하다

▶ She _____ seashells on the beach. 그녀는 해변에서 조개를 모았다.

▶ I _____ stamps as a hobby. 나는 취미로 우표를 수집한다.

deliver a newspaper 신문을 배달하다

▶ Do they _____ newspapers on weekends?
그들은 주말에 신문을 배달하나요?

enter a room 방에 들어가다

▶ Please knock before you _____ a room.
방에 들어오기 전에 노크하세요.

flat face 평면 | *flat tire* 바람이 빠진 타이어

▶ A blackboard has a _____ surface. 칠판은 평면으로 되어 있다.

▶ My bicycle has a _____ tire. 내 자전거 바퀴에 바람이 빠졌다.

the Greek gods 그리스의 신

▶ Zeus was the king of the Greek _____.
제우스는 그리스 신의 왕이었다.

flying insect 날아다니는 곤충

▶ There are many flying _____ in this forest.
이 숲에는 날아다니는 곤충들이 아주 많다.

10

marry [mǽri]
*marry - married - married

통 결혼하다   형 married 결혼한
v. to become a person's husband or wife

11

nature [néitʃər]

명 자연   형 natural 자연의, 천연의
n. everything that is not manmade

12

pearl [pəːrl]

명 진주
n. a small, round white jewel that grows inside a shell

13

race [reis]

명 경주, 경기, 인종
n. a contest of speed, such as in running, driving, or sailing; a group of people divided by skin color or other features

14

scold [skould]

통 야단치다, 꾸짖다   반 praise 칭찬하다
v. to angrily criticize someone, especially a child

15

shy [ʃai]

형 수줍어하는, 부끄러움을 타는
a. nervous about meeting and speaking to other people

16

straw [strɔː]

명 지푸라기, 빨대
n. the yellow stems of dried crops such as wheat; a long, thin tube used for drinking

17

throat [θrout]

명 목, 목구멍
n. the back of your mouth and the inside of your neck

18

usual [júːʒuəl]

형 평상시의, 보통의, 일상의   반 unusual 드문   부 usually 보통, 대개
a. happening, done, or existing most of the time

marry young 젊어서 결혼하다

▶ Many women don't want to _____ young nowadays.

요즘 많은 여성들은 젊어서 결혼하기를 원하지 않는다.

enjoy nature 자연을 즐기다

▶ People go camping because they can enjoy _____.

사람들은 자연을 즐길 수 있기 때문에 캠핑을 간다.

pearl necklace 진주 목걸이

▶ The _____ necklace looks really expensive.

그 진주 목걸이는 정말 비싸 보인다.

have a race 경주를 하다 | *many races* 많은 인종

▶ One day, a rabbit and a turtle had a _____. 어느 날 토끼와 거북이가 경주를 했다.

▶ There are many _____ on the Earth. 지구상에는 많은 인종들이 있다.

scold a student 학생을 야단치다

▶ He is _____ the students for making noise.

그는 학생들이 떠들어서 야단을 치고 있다.

be shy 수줍어하다

▶ Don't be _____. Say hello to your friend.

수줍어하지 말고, 네 친구에게 인사를 해라.

straw hat 밀짚 모자 | *with a straw* 빨대로

▶ The farmer is wearing a _____ hat. 그 농부는 밀짚 모자를 쓰고 있다.

▶ Can the baby drink juice with a _____? 그 아기는 빨대로 주스를 마실 수 있나요?

have a sore throat 목이 아프다

▶ I have a sore _____ and a cough.

나는 목이 아프고 기침을 한다.

as usual 평상시처럼

▶ She got up early as _____.

그녀는 평상시처럼 일찍 일어났다.

A 다음 영어단어는 우리말로, 우리말은 영어단어로 쓰세요.

1	branch	_____	9	진주	_____
2	collect	_____	10	지푸라기, 빨대	_____
3	nature	_____	11	사고, 우연	_____
4	shy	_____	12	배달하다, 전하다	_____
5	enter	_____	13	곤충, 벌레	_____
6	usual	_____	14	야단치다, 꾸짖다	_____
7	god	_____	15	목, 목구멍	_____
8	race	_____	16	이발사	_____

B 다음 주어진 우리말을 참고하여 빈칸에 들어갈 알맞은 단어를 쓰세요.

1 be _____ (수줍어하다)

2 the Greek _____ (그리스의 신)

3 _____ a room (방에 들어가다)

4 _____ necklace (진주 목걸이)

5 have a _____ (경주를 하다)

6 have a sore _____ (목이 아프다)

7 as _____ (평상시처럼)

8 _____ shop (이발소)

C 다음 우리말에 맞도록 빈칸에 알맞은 단어를 쓰세요.

1 People thought the Earth was _____. 사람들은 지구가 평평하다고 생각했다.

2 Have you ever seen a man of _____? 허수아비를 본 적이 있니?

3 She was later than _____ for school. 그녀는 평소보다 학교에 늦었다.

4 Don't _____ your sister too much. 네 여동생을 너무 야단치지 마라.

5 The prince asked her to _____ him. 왕자는 그녀에게 그와 결혼해 줄 것을 요청했다.

6 Colin likes to _____ insects. 콜린은 곤충 수집하는 것을 좋아한다.

7 Many people are killed in car _____. 많은 사람들이 자동차 사고로 죽는다.

8 Please _____ this present to Maria. 이 선물을 마리아에게 전달해 주세요.

D 다음의 영영풀이에 알맞은 단어를 고르세요.

1 nervous about meeting and speaking to other people
① shy ② angry ③ happy ④ brave

2 everything that is not manmade
① lake ② nature ③ sky ④ world

3 smooth and not sloping or curving
① straight ② usual ③ flat ④ round

4 to become a person's husband or wife
① fight ② live ③ enter ④ marry

5 to angrily criticize someone, especially a child
① hit ② praise ③ scold ④ collect

6 a small animal that has six legs and often has wings
① insect ② pet ③ pearl ④ bird

E 다음 영어발음을 듣고 영어단어를 적은 후, 우리말 의미를 쓰세요.

단어	의미		단어	의미
1		10		
2		11		
3		12		
4		13		
5		14		
6		15		
7		16		
8		17		
9		18		

01

ache [eik]

통 아프다   명 아픔   유 hurt

v. to feel a continuous pain that is not sharp
n. a continuous pain that is not sharp

02

basic [béisik]

형 기초적인, 기본적인   유 elementary

a. forming the most important part of something

03

brave [breiv]

형 용감한   부 bravely 용감하게

a. not showing a fear of doing dangerous things

04

college [kálidʒ]

명 (단과)대학   참 university (종합)대학

n. a school where you can study after high school

05

desert [dézərt]

명 사막

n. a large area with little rain and which is always dry

06

envy [énvi]
*envy - envied - envied

통 부러워하다   명 부러움, 선망

v. to wish that you had someone else's things
n. the feeling of wanting someone else's things

07

float [flout]

통 (물 위에) 뜨다, 떠다니다

v. to stay or move on the surface of water

08

golden [góuldən]

형 황금빛의, 금으로 만든   명 gold 금   참 silvery 은빛의, 은으로 만든

a. having a bright yellow color like gold; made of gold

09

introduce [ìntrədjúːs]

통 소개하다   명 introduction 소개

v. to tell someone another person's name for the first time

begin to ache 아프기 시작하다 | *have an ache* 통증이 있다
- ▸ My tooth began to _____. 내 이가 아프기 시작했다.
- ▸ I had an _____ in my left foot. 나는 왼쪽 발에 통증을 느꼈다.

basic English 기초 영어 | *basic idea* 기본적인 생각
- ▸ I can only speak _____ English. 나는 기초 영어만 말할 수 있다.
- ▸ Did you understand the _____ idea? 기본적인 생각을 이해했니?

brave firefighter 용감한 소방관
- ▸ The _____ firefighter saved people from the fire.
  그 용감한 소방관은 화재로부터 사람들을 구했다.

go to college 대학에 들어가다
- ▸ My brother studies hard go to _____.
  우리 오빠는 대학에 들어가기 위해 열심히 공부한다.

in the desert 사막에서
- ▸ Camels are very useful in the _____.
  낙타는 사막에서 매우 쓸모가 있다.

envy one's success 성공을 부러워하다 | *with envy* 부러운 듯
- ▸ Everyone _____ her success. 모든 사람들이 그녀의 성공을 부러워한다.
- ▸ Everyone looked at her with _____. 모든 사람들이 부러운 듯 그녀를 보았다.

float on the water 물 위에 뜨다 | *float on the sea* 표류하다
- ▸ How can ducks _____ on the water? 오리는 어떻게 물 위에 뜰 수 있나요?
- ▸ The ship _____ on the sea for ten days. 그 배는 10일 동안 표류했다.

golden sun 황금빛 태양
- ▸ The _____ sun is rising in the east.
  황금빛 태양이 동쪽에서 뜨고 있다.

introduce myself 나를 소개하다
- ▸ Let me _____ myself to you.
  여러분에게 저를 소개하겠습니다.

10

magic [mǽdʒik]

명 마법, 마술　형 마법의　참 magician 마술사

n. the power to make impossible things happen
a. able to make impossible things happen

11

needle [níːdl]

명 바늘

n. a small, thin piece of metal used for sewing

12

percent [pərsént]

명 퍼센트(%), 백분　참 percentage = percent

n. some parts out of 100 in total

13

raincoat [réinkout]

명 비옷　참 rain boots 장화

n. a coat you wear to protect yourself from the rain

14

score [skɔːr]

명 점수, 득점　동 득점하다

n. the number of points someone gets in a game
v. to get a point in a game or sport

15

smoke [smouk]

명 연기　동 담배를 피우다, 연기가 나다

n. white or black gas produced by burning something
v. to suck smoke from a cigarette; to produce smoke

16

stress [stres]

명 스트레스, 강조　동 강조하다　형 stressful 스트레스가 많은

n. continuous feelings of worry about something
v. to emphasize a statement, fact, or idea

17

thick [θik]

형 두꺼운, 굵은, 진한　반 thin 가는, 얇은

a. distant from one side to another

18

valley [vǽli]

명 계곡, 골짜기

n. a low area of land between mountains

use magic 마법을 사용하다 | *magic show* 마술쇼
▶ The witch can't use _____ anymore. 그 마녀는 더 이상 마법을 사용할 수 없다.
▶ I watched an interesting _____ show. 나는 재미있는 마술쇼를 보았다.

thread a needle 바늘에 실을 꿰다
▶ She asked me to thread a _____.
그녀는 내게 바늘에 실을 꿰어 달라고 부탁했다.

fifty percent 50퍼센트
▶ Fifty _____ of the students agreed with my plan.
그 학생들의 50퍼센트가 내 계획에 동의했다.

need a raincoat 비옷이 필요하다
▶ I need a _____ during the rainy season.
나는 장마철에 비옷이 필요하다.

the highest score 최고 점수 | *score a point* 한 점을 올리다
▶ Who got the highest _____ in the game? 그 게임에서 누가 최고 점수를 받았니?
▶ Our team just _____ a point again. 우리 팀이 지금 막 한 점을 더 올렸다.

cigarette smoke 담배 연기 | *smoke one's pipe* 파이프 담배를 피우다
▶ Cigarette _____ is bad for children. 담배 연기는 아이들에게 해롭다.
▶ He likes to _____ his pipe. 그는 파이프 담배를 피우는 것을 좋아한다.

a lot of stress 심한 스트레스 | *stress again* 다시 강조하다
▶ I'm under a lot of _____ these days. 나는 요즘 심한 스트레스를 느낀다.
▶ My teacher _____ the word again. 우리 선생님은 그 단어를 다시 강조하셨다.

thick ice 두꺼운 얼음
▶ The South Pole is covered with _____ ice all year round.
남극은 일년 내내 두꺼운 얼음으로 덮여있다.

deep valley 깊은 계곡
▶ It's dangerous to play in the deep _____.
깊은 계곡에서 노는 것은 위험하다.

A 다음 영어단어는 우리말로, 우리말은 영어단어로 쓰세요.

1 golden _____
2 raincoat _____
3 ache _____
4 envy _____
5 stress _____
6 smoke _____
7 desert _____
8 basic _____

9 바늘 _____
10 (단과)대학 _____
11 (물 위에) 뜨다, 떠다니다 _____
12 마법, 마술, 마법의 _____
13 계곡, 골짜기 _____
14 두꺼운, 굵은, 진한 _____
15 용감한 _____
16 퍼센트(%), 백분 _____

B 다음 주어진 우리말을 참고하여 빈칸에 들어갈 알맞은 단어를 쓰세요.

1 have an _____ (통증이 있다)
2 go to _____ (대학에 들어가다)
3 _____ myself (나를 소개하다)
4 _____ on the water (물 위에 뜨다)
5 the highest _____ (최고 점수)
6 cigarette _____ (담배 연기)
7 a lot of _____ (심한 스트레스)
8 thread a _____ (바늘에 실을 꿰다)

C 다음 우리말에 맞도록 빈칸에 알맞은 단어를 쓰세요.

1 She _____ a 98 on the English test. 그녀는 영어시험에서 98점을 받았다.

2 70 _____ of the Earth is covered with water. 지구의 70퍼센트가 물로 덮여 있다.

3 The witch couldn't remember the _____ spell. 마녀는 마법의 주문을 기억할 수 없었다.

4 I'm too short. I really _____ you. 나는 키가 너무 작다. 네가 정말 부럽다.

5 You can see some _____ crowns at the museum. 너는 박물관에서 금관들을 볼 수 있다.

6 The Sahara _____ is one of the hottest places. 사하라 사막은 가장 더운 곳 중 하나이다.

7 The kitchen is filled with _____ smoke. 부엌이 진한 연기로 가득 차 있다.

8 He _____ me to his parents. 그는 나를 그의 부모님에게 소개했다.

D 다음의 영영풀이에 알맞은 단어를 고르세요.

1 forming the most important part of something
   ① basic　　　　② high　　　　③ easy　　　　④ bright

2 to tell someone another person's name for the first time
   ① envy　　　　② introduce　　　　③ scold　　　　④ smoke

3 continuous feelings of worry about something
   ① stress　　　　② accident　　　　③ pain　　　　④ magic

4 distant from one side to another
   ① golden　　　　② dry　　　　③ thin　　　　④ thick

5 a low area of land between mountains
   ① lake　　　　② river　　　　③ valley　　　　④ hill

6 to stay or move on the surface of water
   ① jump　　　　② enter　　　　③ float　　　　④ swim

E 다음 영어발음을 듣고 영어단어를 적은 후, 우리말 의미를 쓰세요.

단어	의미		단어	의미
1 _____	_____	10 _____	_____
2 _____	_____	11 _____	_____
3 _____	_____	12 _____	_____
4 _____	_____	13 _____	_____
5 _____	_____	14 _____	_____
6 _____	_____	15 _____	_____
7 _____	_____	16 _____	_____
8 _____	_____	17 _____	_____
9 _____	_____	18 _____	_____

DAY 04

01

across [əkrɔ́ːs]

전 ~의 건너에   부 가로질러, 맞은편에

prep. | *adv.* from one side to the other

02

battle [bǽtl]

명 전투, 싸움   유 fight

n. a fight between groups of people

03

brick [brik]

명 벽돌

n. a block of baked clay used for building

04

common [kʌ́mən]

형 흔한, 평범한, 공통의   반 uncommon 흔하지 않은

a. found in many people or places

05

design [dizáin]

동 디자인하다, 설계하다   명 디자인, 무늬   참 designer 디자이너

v. to make a drawing of something that will be made
n. a drawing of something to show how to make it

06

essay [ései]

명 수필, 과제물   참 essay writing 작문

n. a short piece of writing by a student

07

focus [fóukəs]

동 집중하다, 초점을 맞추다   명 초점

v. to pay particular attention to something
n. something that people pay attention to

08

guide [gaid]

명 안내원, 안내서   동 안내하다   유 lead 안내하다

n. a person or book that gives information
v. to show something to someone

09

interview [íntərvjuː]

명 면접, 인터뷰   동 인터뷰하다

n. a meeting in which you are asked personal questions
v. to ask someone questions about him or herself

across a road 길 건너에 | **swim across** 가로질러 수영하다
- There is a big park _____ the road. 길 건너에 큰 공원이 있다.
- She can swim _____ the pond. 그녀는 그 연못을 가로질러 수영할 수 있다.

in battle 전투에서
- Many people have died in _____.
  전투에서 많은 사람들이 죽었다.

brick house 벽돌집
- Most people live in _____ houses in this town.
  이 마을 대부분 사람들은 벽돌집에 살고 있다.

in common 공통으로
- What do Korean people have in _____?
  한국 사람들의 공통점은 무엇인가요?

design a car 자동차를 디자인하다 | **floral design** 꽃무늬
- His dream is to _____ a car. 그의 꿈은 자동차를 디자인하는 것이다.
- Her skirt has a floral _____. 그녀의 치마에는 꽃무늬가 있다.

write an essay 수필을 쓰다
- I have to write an _____ about my dream.
  나는 나의 꿈에 대하여 수필을 써야 한다.

focus on ~ ~에 집중하다 | **main focus** 주된 초점
- Let's _____ on today's class. 오늘의 수업에 집중하자.
- What's the main _____ of your story? 네 이야기의 주된 초점은 무엇이니?

tour guide 관광 가이드 | **guide a visitor** 방문객을 안내하다
- She hopes to become a tour _____. 그녀는 관광 가이드가 되기를 바란다.
- His job is to _____ visitors. 그의 직업은 방문객을 안내하는 것이다.

job interview 취업 면접
- He has a job _____ tomorrow.
  그는 내일 취업 면접이 있다.

27

10

male [meil]

명 남성, 수컷　형 남성의, 수컷의　　반 female 여성(의), 암컷(의)

n. a man or a male animal
a. belonging to the sex that does not give birth

11

neighbor [néibər]

명 이웃, 이웃 사람

n. someone who lives near you

12

pilot [páilət]

명 조종사, 비행사

n. someone who flies an aircraft

13

ray [rei]

명 광선

n. a straight, narrow beam of light

14

scream [skri:m]

명 비명　동 비명을 지르다, 소리치다　　유 cry; shout

n. a very loud, high sound
v. to make a loud, high sound

15

signal [sígnəl]

명 신호　동 신호를 보내다

n. an action to make someone do something
v. to make a sound or action to give information

16

strike [straik]
*strike - struck - struck

동 부딪히다, 치다, 때리다　　유 hit

v. to hit the surface of something

17

thumb [θʌm]

명 엄지손가락

n. the shortest and thickest finger on a human hand

18

various [vέəriəs]

형 다양한, 여러 가지의　　부 variously 다양하게

a. different

male or female 수컷 혹은 암컷 | *male model* 남자 모델

▶ Is it a _____ or female? 그것은 수컷이니 아니면 암컷이니?

▶ He is the top _____ model in Korea. 그는 한국에서 최고의 남자 모델이다.

new neighbor 새로운 이웃

▶ Our new _____ has a noisy dog.

우리 새로운 이웃은 시끄러운 개를 키운다.

female pilot 여성 조종사

▶ She became the first female _____ in the world.

그녀는 세계에서 첫 번째 여성 조종사가 되었다.

the sun's ray 태양 광선

▶ The sun's _____ are the strongest in summer.

태양 광선은 여름에 가장 강하다.

hear a scream 비명을 듣다 | *scream at ~* ~에게 소리치다

▶ I heard a _____ in the dark. 나는 어둠 속에서 비명을 들었다.

▶ She _____ at me to stop. 그녀는 나에게 멈추라고 소리쳤다.

send a signal 신호를 보내다 | *signal to ~* ~에게 신호를 보내다

▶ We waited until he sent a _____. 우리는 그가 신호를 보낼 때까지 기다렸다.

▶ He _____ to us to start. 그는 우리에게 시작하라는 신호를 보냈다.

strike a rock 암초에 부딪치다

▶ Ships can _____ rocks in the sea.

배는 바다에서 암초에 부딪칠 수 있다.

suck one's thumb 엄지손가락을 빨다

▶ He often sucks his _____ like a baby.

그는 종종 아기처럼 엄지손가락을 빤다.

various shapes 다양한 모양

▶ The shop sells candy in _____ shapes.

그 가게에서는 다양한 모양의 사탕을 판다.

29

A 다음 영어단어는 우리말로, 우리말은 영어단어로 쓰세요.

1 scream _____
2 pilot _____
3 focus _____
4 interview _____
5 brick _____
6 signal _____
7 ray _____
8 guide _____

9 전투, 싸움 _____
10 엄지손가락 _____
11 이웃, 이웃 사람 _____
12 흔한, 평범한, 공통의 _____
13 부딪치다, 치다, 때리다 _____
14 남성(의), 수컷(의) _____
15 수필, 과제물 _____
16 다양한, 여러 가지의 _____

B 다음 주어진 우리말을 참고하여 빈칸에 들어갈 알맞은 단어를 쓰세요.

1 female _____ (여성 조종사)
2 _____ a rock (암초에 부딪치다)
3 _____ shapes (다양한 모양)
4 _____ a road (길 건너에)
5 the sun's _____ (태양 광선)
6 new _____ (새로운 이웃)
7 in _____ (전투에서)
8 suck one's _____ (엄지손가락을 빨다)

C 다음 우리말에 맞도록 빈칸에 알맞은 단어를 쓰세요.

1 Roses are very _____ flowers in May. 장미는 5월에 매우 흔한 꽃이다.
2 Don't start yet. Wait for the _____. 아직 시작하지 말고, 신호를 기다려라.
3 The camera _____ on the actor's face. 카메라가 배우의 얼굴에 초점을 맞추었다.
4 The _____ let us look around the museum. 안내원은 우리가 박물관을 둘러보게 해주었다.
5 Please hand in your _____ by tomorrow. 내일까지 과제물을 제출하세요.
6 The tower was _____ by a famous artist. 그 탑은 유명한 예술가가 설계했다.
7 Someone was _____ for help. 누군가 도와달라고 비명을 지르고 있었다.
8 I _____ people and take pictures. 나는 사람들을 인터뷰하고 사진을 찍는다.

D 다음의 영영풀이에 알맞은 단어를 고르세요.

1 found in many people or places
  ① common　　　② strange　　　③ basic　　　④ magic

2 someone who lives near you
  ① god　　　② guide　　　③ pilot　　　④ neighbor

3 to make a loud, high sound
  ① punish　　　② scream　　　③ design　　　④ ache

4 different
  ① usual　　　② flat　　　③ various　　　④ neat

5 a block of baked clay used for building
  ① pearl　　　② stone　　　③ brick　　　④ rock

6 to ask someone questions about him or herself
  ① interview　　　② deliver　　　③ introduce　　　④ imagine

E 다음 영어발음을 듣고 영어단어를 적은 후, 우리말 의미를 쓰세요.

단어	의미		단어	의미
1		10		
2		11		
3		12		
4		13		
5		14		
6		15		
7		16		
8		17		
9		18		

DAY 05

01

active [ǽktiv]

형 활동적인, 적극적인   부 **actively** 활동적으로, 적극적으로

a. always busy

02

beard [biərd]

명 턱수염   참 **mustache** 콧수염

n. hair that grows on a man's face

03

burn [bɜ:rn]

동 타다, 태우다, 데다

v. to make heat and flames; to hurt your body with something hot

04

complete [kəmplí:t]

형 완전한   동 끝마치다, 완료하다   유 **total** 완전한

a. as great as something could possibly be
v. to finish doing something

05

destroy [distrɔ́i]

동 파괴하다   명 **destruction** 파괴

v. to break something so that it cannot be used anymore

06

event [ivént]

명 행사, 사건

n. something that happens, especially something important

07

flour [fláuər]

명 (곡물의) 가루, 밀가루

n. a powder made by grinding grains

08

grave [greiv]

명 무덤, 묘   유 **tomb**

n. a place where a dead body is buried

09

interest [íntərest]

명 관심, 흥미   참 **interesting** 흥미로운; **interested** 흥미를 느끼는

n. a feeling of wanting to know or learn about something

active boy 활동적인 소년 | *active person* 적극적인 사람

▶ Thomas is a very _____ boy at school. 토마스는 학교에서 매우 활동적인 소년이다.

▶ Be an _____ person in everything. 모든 일에 적극적인 사람이 되어라.

grow a beard 턱수염을 기르다

▶ Most men in this country grow _____.

이 나라의 대부분 남자들이 턱수염을 기르고 있다.

burn well 잘 타다 | *burn one's hand* 손을 데다

▶ Paper and dry wood _____ well. 종이와 마른 나무는 잘 탄다.

▶ Be careful not to _____ your hand. 네 손을 데지 않도록 조심해라.

complete change 완전한 변화 | *complete work* 일을 끝마치다

▶ There has been a _____ change in his life. 그의 인생에 완전한 변화가 있었다.

▶ _____ this work by tomorrow. 내일까지 이 일을 끝마쳐라.

destroy many buildings 많은 건물들을 파괴하다

▶ The typhoon _____ many buildings in Seoul.

태풍은 서울에 있는 많은 건물들을 파괴시켰다.

big event 중요한 행사

▶ What is the big _____ today?

오늘의 중요한 행사는 무엇인가요?

white flour 흰 밀가루

▶ White _____ is not good for people's health.

흰 밀가루는 사람들의 건강에 좋지 않다.

grandmother's grave 할머니 산소

▶ We visit our grandmother's _____ twice a year.

우리는 일년에 두 번 할머니 산소에 성묘를 간다.

have no interest 관심이 없다

▶ I have no _____ in science at all.

나는 과학에 전혀 관심이 없다.

33

10

manner [mǽnər]

명 태도, 방식   참 **manners** 예의, 관습

n. a way of behaving or speaking; the way that you do something

11

nephew [néfjuː]

명 남자 조카   참 **niece** 여자 조카

n. the son of your sister or brother

12

pleasure [pléʒər]

명 기쁨, 즐거움   형 **pleasant** 즐거운, 기분 좋은

n. a feeling of happiness or enjoyment

13

reach [riːtʃ]

동 도착하다, 도달하다, 닿다   유 **arrive**

v. to arrive at a place; to touch something with a hand

14

screen [skriːn]

명 화면, 스크린

n. the part of a television or computer where pictures appear

15

service [sə́ːrvis]

명 서비스, 봉사   동 **serve** 봉사하다

n. an act of help or assistance

16

strip [strip]

*strip - stripped - stripped

동 옷을 벗다, (껍질 등을) 벗기다

v. to take off your or someone else's clothes

17

tidy [táidi]

*tidy - tidied - tidied

형 깔끔한, 잘 정돈된   동 정리하다   유 **neat**   반 **untidy** 지저분한

a. neatly arranged with everything in the right place
v. to make a place look neat

18

victory [víktəri]

명 승리   반 **defeat** 패배

n. a success over an enemy in a game or battle

34

friendly manner 호의적인 태도 | *have good manners* 예의가 바르다

▶ He has a nice friendly _____. 그는 멋진 호의적인 태도를 가지고 있다.

▶ He always has good _____. 그는 항상 예의가 바르다.

twin nephews 쌍둥이 조카들

▶ Timmy and Tony are my twin _____.
티미와 토니는 나의 쌍둥이 조카들이다.

with pleasure 기꺼이

▶ I will help you with _____.
제가 기꺼이 당신을 도와 드릴게요.

reach a camp 캠프에 도착하다

▶ I hope to _____ the camp before dark.
나는 어둡기 전에 캠프에 도착하기를 바란다.

computer screen 컴퓨터 화면 | *movie screen* 영화 스크린

▶ Don't look too closely at the computer _____. 컴퓨터 화면을 너무 가까이 보지 마라.

▶ This movie _____ is really big. 이 영화 스크린은 정말 크다.

self-service 셀프 서비스

▶ Is there a self-_____ gas station around here?
이 근처에 셀프 서비스 주유소가 있나요?

strip to take a bath 목욕하기 위해 옷을 벗다

▶ I _____ to take a bath.
나는 목욕하기 위해 옷을 벗었다.

tidy room 깔끔한 방 | *tidy a house* 집을 정리하다

▶ Don't mess up the _____ room. 깔끔한 방을 어지럽히지 마라.

▶ I spent all morning _____ the house. 나는 오전 내내 집을 정리했다.

great victory 위대한 승리

▶ Our team won a great _____ this season.
우리 팀이 이번 시즌에서 대승을 거두었다.

A 다음 영어단어는 우리말로, 우리말은 영어단어로 쓰세요.

1 complete _____
2 event _____
3 active _____
4 manner _____
5 reach _____
6 strip _____
7 tidy _____
8 service _____

9 타다, 태우다, 데다 _____
10 (곡물의) 가루, 밀가루 _____
11 화면, 스크린 _____
12 턱수염 _____
13 남자 조카 _____
14 무덤, 묘 _____
15 승리 _____
16 파괴하다 _____

B 다음 주어진 우리말을 참고하여 빈칸에 들어갈 알맞은 단어를 쓰세요.

1 have good _____ (예의가 바르다)
2 _____ boy (활동적인 소년)
3 have no _____ (관심이 없다)
4 with _____ (기꺼이)
5 grow a _____ (턱수염을 기르다)
6 big _____ (중요한 행사)
7 _____ many buildings (많은 건물들을 파괴하다)
8 grandmother's _____ (할머니 산소)

C 다음 우리말에 맞도록 빈칸에 알맞은 단어를 쓰세요.

1 Johnny _____ the puzzle in a short time. 조니는 짧은 시간에 퍼즐을 완성했다.

2 The food was good, but the _____ was bad. 음식은 맛있었지만, 서비스는 좋지 않았다.

3 He has an _____ in playing the piano. 그는 피아노 치는 것에 흥미가 있다.

4 Our team won our first _____ in a big game. 우리 팀은 큰 경기에서 처음으로 우승했다.

5 Ⓐ Thank you for helping me. Ⓑ It's my _____. 도와주셔서 감사합니다. 별말씀을요.

6 She _____ the toast this morning. 그녀는 오늘 아침에 토스트를 태웠다.

7 The boy can't _____ the candy on the shelf. 소년은 선반 위의 사탕에 손이 닿지 않는다.

8 Keep your room neat and _____ always. 네 방을 항상 깔끔하게 잘 정돈해라.

D 다음의 영영풀이에 알맞은 단어를 고르세요.

1 always busy
   ① active   ② brave   ③ complete   ④ various

2 to arrive at a place
   ① visit   ② reach   ③ collect   ④ fit

3 a place where a dead body is buried
   ① college   ② nature   ③ grave   ④ valley

4 neatly arranged with everything in the right place
   ① useful   ② thick   ③ untidy   ④ tidy

5 to break something so that it cannot be used anymore
   ① deliver   ② destroy   ③ punish   ④ decorate

6 a feeling of wanting to know or learn about something
   ① focus   ② stress   ③ interest   ④ goal

E 다음 영어발음을 듣고 영어단어를 적은 후, 우리말 의미를 쓰세요.

단어	의미		단어	의미
1		10		
2		11		
3		12		
4		13		
5		14		
6		15		
7		16		
8		17		
9		18		

DAY 06

01

add [æd]

동 첨가하다, 더하다
v. to put something with something else

02

beat [biːt]
*beat - beat - beaten

동 치다, 때리다, 이기다　　　　유 defeat 이기다
v. to hit someone or something many times; to win against someone in a game or battle

03

business [bíznis]

명 사업, 장사, 일, 업무
n. the activity of making money by making, selling, or buying goods

04

concert [kánsərt]

명 연주회, 음악회
n. a performance given by musicians or singers

05

dictionary [díkʃəneri]

명 사전
n. a book which shows words and their meanings

06

everybody [évribàdi]

대 모든 사람, 누구든지
pron. every person

07

flood [flʌd]

동 범람시키다　　명 홍수
v. to cover a place with water
n. a large amount of water that covers an area

08

ground [graund]

명 땅바닥, 땅, 토양　　　　유 soil
n. the surface of the Earth

09

invent [invént]

동 발명하다　　　　명 invention 발명, 발명품　　참 inventor 발명가
v. to make, design, or think of a new type of thing

add salt 소금을 첨가하다 | *add 3* 3을 더하다

▶ _____ salt and pepper to the soup. 수프에 소금과 후추를 넣어라.

▶ _____ 3 to the total. 합계에 3을 더하라.

beat a drum 드럼을 치다 | *beat Japan* 일본을 이기다

▶ I'm learning how to _____ a drum. 나는 드럼을 치는 법을 배우고 있다.

▶ The Korean team _____ Japan again. 한국팀이 일본을 또 이겼다.

do business 사업을 하다 | *business trip* 출장

▶ His father does _____ in China. 그의 아버지는 중국에서 사업을 하신다.

▶ He's on a _____ trip now. 그는 지금 출장 중이다.

give a concert 연주회를 열다

▶ The pianist gave a _____ for sick children.
그 피아니스트는 아픈 아이들을 위해 연주회를 열었다.

English-Korean dictionary 영한사전

▶ Can I use your English-Korean _____?
당신의 영한사전을 사용해도 될까요?

almost everybody 거의 모든 사람 | *to everybody* 누구에게나

▶ Almost _____ knows the story. 거의 모든 사람이 그 이야기를 알고 있다.

▶ A chance is given to _____. 기회는 누구에게나 주어진다.

flood a valley 계곡을 범람시키다

▶ The heavy rain _____ the valley.
세찬 비가 계곡을 범람시켰다.

fall to the ground 땅바닥에 넘어지다

▶ The big trees fell to the _____ because of the wind.
큰 나무들이 바람 때문에 땅바닥에 쓰러졌다.

invent the light bulb 전구를 발명하다

▶ Do you know who _____ the light bulb?
너는 누가 전구를 발명했는지 아니?

10

magazine
[mǽgəziːn]

📖 잡지
n. a book with stories and photos that is sold regularly

11

nervous [nɔ́ːrvəs]

📖 긴장이 되는, 불안한
a. frightened or worried about something

12

poem [póuim]

📖 시
n. a piece of writing using short lines that rhyme

📌 poet 시인

13

real [ríːəl]

📖 진짜의, 실제의, 진정한
a. not fake; actually existing

📌 really 정말, 실제로

14

secret [síːkrit]

📖 비밀 📖 비밀의
n. something unknown to other people
a. known about by only a few people

15

skin [skin]

📖 피부, 가죽
n. the outer part of a person's or animal's body

16

stripe [straip]

📖 줄무늬
n. a line of color

17

tight [tait]

📖 꽉 조이는, 단단한, 빠듯한
a. rather small and fitting very closely; difficult for you to do everything

📌 loose 헐렁한

18

warn [wɔːrn]

📖 경고하다, 주의를 주다
v. to tell someone about an upcoming danger or problem

40

science magazine 과학 잡지
▶ Can I borrow your science _____?
네 과학 잡지 좀 빌려줄래?

get nervous 긴장이 되다
▶ People usually get _____ before taking a test.
사람들은 보통 시험을 보기 전에 긴장을 한다.

beautiful poem 아름다운 시
▶ She wrote a beautiful _____ for her mother.
그녀는 엄마를 위해 아름다운 시를 썼다.

real diamond 진짜 다이아몬드 | *real story* 실화
▶ She is wearing a _____ diamond ring. 그녀는 진짜 다이아몬드 반지를 끼고 있다.
▶ The movie is based on a _____ story. 그 영화는 실화에 바탕을 두고 있다.

hide a secret 비밀을 숨기다 | *secret place* 비밀의 장소
▶ You are hiding a _____, aren't you? 너는 비밀을 숨기고 있지, 그렇지 않니?
▶ Every child has a _____ place. 모든 아이들은 비밀의 장소를 가지고 있다.

skin color 피부색 | *crocodile skin* 악어 가죽
▶ They all have different _____ colors. 그들은 모두 다른 피부색을 가지고 있다.
▶ This bag is made of crocodile _____. 이 가방은 악어 가죽으로 만들어졌다.

black and white stripes 흑백 줄무늬
▶ Which animal has black and white _____?
어떤 동물이 흑백 줄무늬를 가지고 있을까요?

tight shoes 꽉 조이는 신발 | *tight schedule* 빠듯한 일정
▶ Don't wear _____ shoes on your feet. 발에 꽉 조이는 신발을 신지 마라.
▶ I have a _____ schedule this Sunday. 나는 이번 일요일에 일정이 빠듯하다.

warn a boy 소년에게 경고하다
▶ She _____ the boy not to run.
그녀는 그 소년에게 뛰지 말라고 경고했다.

A 다음 영어단어는 우리말로, 우리말은 영어단어로 쓰세요.

1	concert	9	긴장이 되는, 불안한
2	stripe	10	땅바닥, 땅, 토양
3	business	11	비밀, 비밀의
4	beat	12	첨가하다, 더하다
5	real	13	발명하다
6	warn	14	시
7	tight	15	잡지
8	flood	16	사전

B 다음 주어진 우리말을 참고하여 빈칸에 들어갈 알맞은 단어를 쓰세요.

1 science _____ (과학 잡지)

2 almost _____ (거의 모든 사람)

3 _____ shoes (꽉 조이는 신발)

4 _____ a drum (드럼을 치다)

5 _____ a valley (계곡을 범람시키다)

6 beautiful _____ (아름다운 시)

7 give a _____ (연주회를 열다)

8 _____ the light bulb (전구를 발명하다)

C 다음 우리말에 맞도록 빈칸에 알맞은 단어를 쓰세요.

1 Is your trip to Rome for _____ or pleasure? 로마에는 일 때문에 가세요 아님 관광이세요?

2 Look up the word in a _____. 그 단어를 사전에서 찾아보아라.

3 Dragons and unicorns aren't _____ animals. 용과 유니콘은 실제 동물이 아니다.

4 This _____ is good for growing vegetables. 이 토양은 채소를 재배하기에 좋다.

5 Don't be _____. You can do well. 불안해 하지 마라. 너는 잘할 수 있을 거다.

6 There are no _____ in this world. 이 세상에 비밀은 없다.

7 They kill animals for their _____. 그들은 가죽을 얻기 위해 동물을 죽인다.

8 My father _____ me to get up early. 우리 아빠가 나에게 일찍 일어나라고 주의를 주셨다.

D 다음의 영영풀이에 알맞은 단어를 고르세요.

1 rather small and fitting very closely
　① real　　　　② tight　　　　③ short　　　　④ loose

2 to make, design, or think of a new type of thing
　① invent　　　② enter　　　　③ imagine　　　④ complete

3 frightened or worried about something
　① strange　　② active　　　③ shy　　　　④ nervous

4 the activity of making money by making, selling, or buying goods
　① company　② branch　　　③ engine　　　④ business

5 to tell someone about an upcoming danger or problem
　① show　　　② warn　　　③ teach　　　④ signal

6 a large amount of water that covers an area
　① secret　　② ground　　　③ flood　　　④ stripe

E 다음 영어발음을 듣고 영어단어를 적은 후, 우리말 의미를 쓰세요.

단어	의미		단어	의미
1		10		
2		11		
3		12		
4		13		
5		14		
6		15		
7		16		
8		17		
9		18		

01
admire [ədmáiər]

통 존경하다, 칭찬하다 　　　　　　 유 respect 존경하다

v. to have a feeling of respect for someone or something

02
beauty [bjú:ti]

명 아름다움, 미인 　　　　　　 형 beautiful 아름다운

n. the quality of being beautiful; a beautiful woman

03
calm [kɑ:m]

형 침착한, 차분한　　 통 진정시키다

a. relaxed and quiet; not nervous
v. to become quiet and relaxed

04
contest [kántest]

명 대회, 시합 　　　　　　 유 match; tournament

n. a competition that people try to win

05
dig [dig]
*dig - dug - dug

통 (땅을) 파다, 파내다

v. to make a hole in the ground

06
everything
[évriθìŋ]

대 모든 것, 모두

pron. all things

07
fold [fould]

통 접다 　　　　　　 반 unfold 펴다

v. to bend something so that one part covers another part

08
healthy [hélθi]

형 건강한, 건강에 좋은 　　　　　　 명 health 건강

a. physically strong and not sick; good for your body

09
iron [áiərn]

명 쇠, 철, 다리미　　 통 다리미질 하다

n. a hard, gray metal; a thing used to make clothes smooth
v. to make clothes smooth by using an iron

admire one's parents 부모님을 존경하다

▸ We should _____ our parents all the time.

우리는 항상 부모님을 존경해야 한다.

---

natural beauty 자연적인 아름다움 | *great beauty* 굉장한 미인

▸ It still has its natural _____. 그것은 여전히 자연적인 아름다움을 간직하고 있다.

▸ Cleopatra is known as a great _____. 클레오파트라는 굉장한 미인으로 알려져 있다.

---

calm voice 침착한 목소리 | *calm down* 진정하다

▸ A _____ voice is much better than shouting. 침착한 목소리가 소리치는 것보다 훨씬 낫다.

▸ _____ down and listen to me. 진정하고 내 얘기를 들어봐라.

---

speech contest 웅변 대회

▸ My brother won a prize at the speech _____.

내 남동생은 웅변 대회에서 상을 받았다.

---

dig a hole 구멍을 파다

▸ Some turtles _____ holes to hide their eggs in.

어떤 거북이들은 알을 숨기기 위해 구멍을 판다.

---

mean everything 아주 중요하다 (모든 것을 의미하다)

▸ Sarah's daughter means _____ to her.

사라의 딸은 그녀에게 아주 중요하다.

---

fold paper 종이를 접다

▸ He _____ the paper in half along the line.

그는 선을 따라서 종이를 반으로 접었다.

---

keep healthy 건강을 유지하다 | *healthy food* 건강에 좋은 음식

▸ Eat breakfast to keep _____. 건강을 유지하기 위해서는 아침을 먹어라.

▸ Tomatoes are a _____ food. 토마토는 건강에 좋은 음식이다.

---

made of iron 쇠로 만들어진 | *iron one's shirt* 셔츠를 다리다

▸ This machine is made of _____. 이 기계는 쇠로 만들어져 있다.

▸ Have you _____ my shirt? 제 셔츠를 다리셨나요?

10 match [mætʃ]

명 경기, 시합, 성냥　동 어울리다　　　유 contest 시합

n. a game in which people compete to win

v. to look good together

11 nest [nest]

명 둥지, 보금자리

n. a place made by a bird to lay its eggs in and to live in

12 pole [poul]

명 장대, (지구의) 극

n. a long stick; the most northern or southern point on the Earth

13 reason [ríːzən]

명 이유, 까닭　　　　　　　유 cause　형 reasonable 타당한

n. a fact that explains why someone did something

14 seed [siːd]

명 씨앗, 씨

n. a small, hard thing from which a new plant grows

15 sleeve [sliːv]

명 소매　　　　　　　　　　　형 sleeveless 소매가 없는

n. the parts of clothes that cover the arms

16 stupid [stjúːpid]

형 어리석은, 멍청한　　　　　유 foolish

a. showing a lack of good sense; not smart

17 title [táitl]

명 제목

n. the name of a book, poem, song, film, etc.

18 view [vjuː]

명 견해, 전망, 경치　　　　　유 opinion 견해

n. what you think about something; what you are able to see *tennis match* 테니스 시합 | *match perfectly* 완벽하게 어울리다

▶ There is a big tennis _____ tonight. 오늘 밤 큰 테니스 시합이 있다.

▶ Your shirt and pants _____ perfectly. 네 셔츠와 바지는 완벽하게 잘 어울린다.

build a nest 둥지를 틀다

▶ Ducks usually build _____ on the ground.
오리는 보통 땅에 둥지를 튼다.

fishing pole 낚싯대 | *the South Pole* 남극

▶ He is holding a fishing _____. 그는 낚싯대를 쥐고 있다.

▶ Penguins live at the South _____. 펭귄은 남극에서 산다.

give a good reason 타당한 이유를 말하다

▶ Give a good _____ that you should go home early.
집에 일찍 가야 하는 타당한 이유를 말해 보아라.

plant a seed 씨앗을 심다

▶ Farmers plant _____ in their fields in spring.
농부들은 봄에 밭에 씨앗을 심는다.

long sleeve 긴 소매

▶ Wear a shirt with long _____ tonight.
오늘밤에 긴 소매가 있는 셔츠를 입어라.

stupid question 어리석은 질문

▶ He often asks _____ questions during class.
그는 수업 시간 중에 종종 어리석은 질문을 한다.

book title 책 제목

▶ Do you remember the book _____ he told us?
너는 그가 우리에게 말해 준 책 제목을 기억하니?

different views 다른 견해 | *wonderful view* 멋진 전망

▶ We have different _____ about it. 우리는 그것에 대해 다른 견해를 가지고 있다.

▶ This hotel has a wonderful _____. 이 호텔은 멋진 전망을 가지고 있다.

47

A 다음 영어단어는 우리말로, 우리말은 영어단어로 쓰세요.

1	everything	_____	9	존경하다, 칭찬하다	_____
2	calm	_____	10	소매	_____
3	match	_____	11	건강한, 건강에 좋은	_____
4	fold	_____	12	둥지, 보금자리	_____
5	title	_____	13	어리석은, 멍청한	_____
6	view	_____	14	씨앗, 씨	_____
7	contest	_____	15	(땅을) 파다, 파내다	_____
8	reason	_____	16	아름다움, 미인	_____

B 다음 주어진 우리말을 참고하여 빈칸에 들어갈 알맞은 단어를 쓰세요.

1 _____ question (어리석은 질문)

2 build a _____ (둥지를 틀다)

3 wonderful _____ (멋진 전망)

4 give a good _____ (타당한 이유를 말하다)

5 tennis _____ (테니스 시합)

6 natural _____ (자연적인 아름다움)

7 keep _____ (건강을 유지하다)

8 _____ paper (종이를 접다)

C 다음 우리말에 맞도록 빈칸에 알맞은 단어를 쓰세요.

1 You should try to stay _____ after an accident. 사고 후에 침착하도록 노력해야 한다.

2 Don't let your children play with _____. 아이들이 성냥을 가지고 놀지 않도록 해라.

3 He is jumping over the _____. 그는 장대 위를 뛰어 넘고 있다.

4 Everyone _____ his polite manners. 모두가 그의 공손한 태도를 칭찬한다.

5 The boy caught his mother by the _____. 그 소년은 엄마의 소매를 붙잡았다.

6 He didn't tell me _____ about it. 그는 나에게 그것에 대해 모든 것을 말하지는 않았다.

7 Have you ever eaten sunflower _____? 해바라기 씨를 먹어 본 적이 있니?

8 Strike while the _____ is hot. 쇠는 달구어졌을 때 쳐라. (좋은 기회를 놓치지 마라.)

D 다음의 영영풀이에 알맞은 단어를 고르세요.

1 to have a feeling of respect for someone or something
   ① admire   ② beat   ③ match   ④ wish

2 the most northern or southern point on the Earth
   ① focus   ② place   ③ pole   ④ stick

3 physically strong and not sick
   ① useful   ② brave   ③ weak   ④ healthy

4 to bend something so that one part covers another part
   ① float   ② draw   ③ fold   ④ cut

5 showing a lack of good sense
   ① strange   ② stupid   ③ quick   ④ common

6 a fact that explains why someone did something
   ① reason   ② guide   ③ dictionary   ④ question

E 다음 영어발음을 듣고 영어단어를 적은 후, 우리말 의미를 쓰세요.

단어	의미		단어	의미
1		10		
2		11		
3		12		
4		13		
5		14		
6		15		
7		16		
8		17		
9		18		

ABC

01

adult [ədʌ́lt]

몡 어른, 성인　혱 다 자란, 성인의

n. a fully grown person or animal
a. fully grown

02

behind [biháind]

젠 ~ 뒤에, ~에 뒤떨어진　 튄 뒤에　 윤 after

prep. | *adv.* at the back of a thing or person; late doing things

03

camp [kæmp]

몡 캠프, 야영　 동 야영하다

n. a place where children go to take part in activities
v. to stay in a tent outdoors

04

conversation [kànvərséiʃən]

몡 대화, 회화　 윤 dialogue; chat

n. an informal talk between two or more people

05

discuss [diskʌ́s]

동 의논하다, 논의하다　 몡 discussion 의논

v. to talk about something with someone

06

exchange [ikstʃéindʒ]

몡 교환　 동 교환하다, 바꾸다

n. the act of giving and receiving things
v. to give and receive things

07

follow [fálou]

동 따라가다(오다), 따르다

v. to go after someone else

08

guest [gest]

몡 손님

n. someone who is invited to an event

09

island [áilənd]

몡 섬

n. a piece of land surrounded by water

become an adult 어른이 되다 | **adult frog** 다 자란 개구리

▶ Peter Pan didn't want to become an _____. 피터팬은 어른이 되기를 원하지 않았다.

▶ An _____ frog doesn't have a tail. 다 자란 개구리는 꼬리가 없다.

behind schedule 일정에 늦은

▶ Our work is _____ schedule.
우리의 일은 일정보다 늦었다.

summer camp 여름 캠프 | **go camping** 야영을 가다

▶ They had fun at the summer _____. 그들은 여름 캠프에서 즐거운 시간을 보냈다.

▶ I'm going to go _____ with my family. 나는 가족들하고 캠핑을 갈 것이다.

have a conversation 대화하다

▶ I had a _____ with my father today.
나는 오늘 아빠와 대화를 했다.

discuss a matter 문제를 의논하다

▶ Did you _____ the matter with your parents?
네 부모님과 그 문제를 의논해 보았니?

make an exchange 교환하다 | **exchange gifts** 선물을 교환하다

▶ I made an _____ at the store. 나는 그 가게에서 교환했다.

▶ People _____ gifts on Christmas. 사람들은 크리스마스 날 선물을 교환한다.

follow you 당신을 따라가다

▶ Go ahead, and I'll _____ you.
먼저 가시면 당신을 따라가겠습니다.

special guest 특별한 손님

▶ He invited a special _____ to the TV interview.
그는 TV 인터뷰에 특별한 손님을 초대했다.

desert island 무인도

▶ Have you ever been to a desert _____?
무인도에 가 본 적이 있니?

10
meal [miːl]

명 식사, 끼니
n. breakfast, lunch, or dinner

11
net [net]

명 그물, 망, 네트
n. a thing used to catch fish or insects

12
popular [pɑ́pjulər]

형 인기 있는, 대중적인
a. liked by many people

13
regular [régjulər]

형 규칙적인, 정기적인   부 **regularly** 규칙적으로
a. happening every hour, week, or month

14
self [self]

명 자아, 자신   형 **selfish** 이기적인
n. who you are and what you think and feel

15
smart [smɑːrt]

형 영리한, 똑똑한   유 **clever**   반 **stupid** 어리석은
a. intelligent or sensible

16
style [stail]

명 방식, 스타일, 유행
n. a particular way of doing something

17
tip [tip]

명 봉사료, 조언, (뾰족한) 끝   유 **advice** 조언
n. a little extra money for a waiter; a helpful piece of advice

18
waste [weist]

동 낭비하다   명 쓰레기, 낭비
v. to use more money or time than necessary
n. useless things that are left over

enjoy your meal 식사를 맛있게 하다
▶ I hope you enjoyed your _____.
식사를 맛있게 드셨기를 바래요.

mosquito net 모기장
▶ Stay inside the mosquito _____ at night.
밤에는 모기장 안에 있어라.

popular name 인기 있는 이름 | *popular music* 대중 음악
▶ Diana is a _____ name for girls. 다이애나는 여자아이들에게 인기 있는 이름이다.
▶ Do you like _____ music? 너는 대중 음악을 좋아하니?

regular time 규칙적인 시간
▶ It's important to go to bed at a _____ time.
규칙적인 시간에 잠자리에 드는 것이 중요하다.

true self 진정한 자아
▶ You should know your true _____.
너는 네 자신의 진정한 자아에 대해 알아야 한다.

smart animal 영리한 동물
▶ A pig is actually a very _____ animal.
돼지는 실제로 매우 영리한 동물이다.

teaching style 가르치는 방식 | *in style* 유행하는
▶ I don't like her teaching _____. 나는 그녀의 가르치는 방식을 좋아하지 않는다.
▶ Short skirts are in _____ this year. 짧은 치마가 올해 유행이다.

give a tip 봉사료를 주다 | *useful tip* 유용한 조언
▶ We should give a _____ to the waiter. 우리는 웨이터에게 봉사료를 줘야 한다.
▶ He gave me a very useful _____. 그가 나에게 매우 유용한 조언을 해 주었다.

waste time 시간을 낭비하다 | *throw waste* 쓰레기를 버리다
▶ You should not _____ time. 시간을 낭비하면 안 된다.
▶ Don't throw _____ on the street. 길거리에 쓰레기를 버리지 마라.

53

A 다음 영어단어는 우리말로, 우리말은 영어단어로 쓰세요.

1 smart _____
2 discuss _____
3 adult _____
4 meal _____
5 exchange _____
6 waste _____
7 self _____
8 regular _____

9 대화, 회화 _____
10 손님 _____
11 인기 있는, 대중적인 _____
12 캠프, 야영, 야영하다 _____
13 섬 _____
14 그물, 망, 네트 _____
15 방식, 스타일, 유행 _____
16 따라가다(오다), 따르다 _____

B 다음 주어진 우리말을 참고하여 빈칸에 들어갈 알맞은 단어를 쓰세요.

1 have a _____ (대화하다)
2 give a _____ (봉사료를 주다)
3 desert _____ (무인도)
4 mosquito _____ (모기장)
5 become an _____ (어른이 되다)
6 go _____ (야영을 가다)
7 _____ schedule (일정에 늦은)
8 special _____ (특별한 손님)

C 다음 우리말에 맞도록 빈칸에 알맞은 단어를 쓰세요.

1 Could I _____ this for a bigger size? 이것을 더 큰 사이즈로 교환해도 되나요?

2 Coffee is the most _____ drink for adults. 커피는 어른들에게 가장 대중적인 음료이다.

3 It's a _____ of time to watch TV. TV를 보는 것은 시간 낭비이다.

4 Hawaii is the most beautiful _____. 하와이는 가장 아름다운 섬이다.

5 They _____ the matter twice. 그들은 그 문제에 대해 두 번 논의를 했다.

6 Do you do _____ exercise every day? 너는 매일 규칙적인 운동을 하니?

7 People usually have three _____ a day. 사람들은 하루에 보통 세 끼를 먹는다.

8 _____ me. I'll show you the way. 따라오세요, 길을 알려드릴게요.

D 다음의 영영풀이에 알맞은 단어를 고르세요.

1 to talk about something with someone
   ① follow   ② scold   ③ enter   ④ discuss

2 a particular way of doing something
   ① conversation   ② style   ③ self   ④ design

3 to use more money or time than necessary
   ① spend   ② fit   ③ waste   ④ collect

4 a piece of land surrounded by water
   ① desert   ② island   ③ earth   ④ ground

5 to give and receive things
   ① exchange   ② marry   ③ pay   ④ imagine

6 happening every hour, week, or month
   ① always   ② regular   ③ sometimes   ④ popular

E 다음 영어발음을 듣고 영어단어를 적은 후, 우리말 의미를 쓰세요.

단어	의미		단어	의미
1		10		
2		11		
3		12		
4		13		
5		14		
6		15		
7		16		
8		17		
9		18		

ABC

01

advice [ədváis]

명 충고, 조언　　　　　　　　　　　　　동 advise 충고하다　유 tip

n. an opinion to give someone about what he or she should do

02

believe [bilíːv]

동 믿다, 생각하다　　　　　　　　　　　명 belief 믿음

v. to think that something is true

03

cancel [kǽnsəl]

동 취소하다

v. to say that a planned event will not happen

04

copy [kápi]
*copy - copied - copied

동 복사하다　　명 복사(본), 한 부

v. to make something exactly like the original
n. something exactly like something else

05

discussion

[diskʌ́ʃən]

명 의논, 논의　　　　　　　　　　　　동 discuss 의논하다, 논의하다

n. a conversation about something

06

exercise [éksərsàiz]

명 운동, 연습　동 운동하다, 연습하다

n. physical activities to do in order to stay healthy
v. to do a physical activity such as walking

07

foreign [fɔ́(ː)rin]

형 외국의　　　　　　　　　　　　　　참 foreigner 외국인

a. from or relating to a country that is not your own

08

grand [grænd]

형 웅장한, 굉장한, 위대한　　　　　　유 great

a. big and very impressive

09

item [áitəm]

명 항목, 품목

n. a single thing in a list, group, or set of things

a piece of advice 충고 한마디

▸ I'd like to give you a piece of _____.

내가 너에게 충고 한마디 하고 싶다.

believe in ~ ~의 존재를 믿다

▸ Do you _____ in ghosts?

너는 유령의 존재를 믿니?

cancel a game 경기를 취소하다

▸ They _____ the game because of the heavy rain.

그들은 폭우 때문에 경기를 취소했다.

copy a note 메모를 복사하다 | *send a copy* 복사본을 보내다

▸ Did you _____ the note? 너는 메모를 복사했니?

▸ Could you send a _____ of this picture? 이 사진의 복사본을 보내 주실래요?

have a discussion 의논을 하다

▸ We need to have a _____ about it.

우리는 그것에 대해 의논을 할 필요가 있다.

good exercise 좋은 운동 | *exercise regularly* 규칙적으로 운동하다

▸ Swimming is good _____. 수영은 좋은 운동이다.

▸ We should _____ regularly. 우리는 규칙적으로 운동해야 한다.

foreign country 외국

▸ My family lived in a _____ country for 3 years.

우리 가족은 3년 동안 외국에서 살았다.

grand house 웅장한 저택

▸ He is very rich, but he doesn't live in a _____ house.

그는 매우 부자이지만 웅장한 저택에 살지 않는다.

check an item 항목들을 점검하다 | *various items* 여러 가지 품목들

▸ Check the _____ on the list. 목록에 있는 항목들을 점검해라.

▸ The store sells various _____. 그 가게에서는 여러 가지 품목들을 판다.

10

must [məst]

조 ~해야 한다, ~임에 틀림없다　　　　참 **had to** ~해야 했다

aux. to have to do something; used to say that something is very likely to be true

11

newspaper [njú:zpèipər]

명 신문　　　　유 **paper**

n. a set of sheets of printed paper about the news

12

pose [pouz]

명 자세, 포즈　　동 자세를 취하다　　　　유 **position** 자세

n. the position in which someone stands or sits
v. to sit or stand in a particular position

13

relative [rélətiv]

명 친척

n. a member of your family

14

sharp [ʃɑːrp]

형 날카로운, 예리한, 뾰족한　　　　반 **dull** 무딘, 둔한

a. having a thin edge that can cut things easily

15

sign [sain]

명 표지판, 신호　　동 서명하다, 신호를 보내다　　유 **signal** 신호, 신호를 보내다

n. a piece of paper or metal that provides information
v. to write one's name on something

16

subject [sʌ́bdʒikt]

명 주제, 과목

n. an idea that you discuss or write about; something that you study at school

17

till [til]

전접 ~ (때)까지

prep. | *con.* until

18

village [vílidʒ]

명 마을, 촌

n. a very small town in the countryside

must go 가야 한다 | *must be hungry* 배고픈 것이 틀림없다

▸ I _____ go home now. 나는 지금 집에 가야 한다.

▸ You _____ be hungry now. 너는 지금 배고픈 것이 틀림없다.

daily newspaper 일간지

▸ My father always buys a daily _____.

우리 아빠는 항상 일간지를 사신다.

funny pose 우스꽝스러운 자세 | *pose for ~* ~를 위해 자세를 취하다

▸ Show me that funny _____ again. 그 우스꽝스러운 자세를 다시 보여주라.

▸ We _____ for the camera. 우리는 카메라를 향해 자세를 취했다.

close relative 가까운 친척

▸ Some of my close _____ live in foreign countries.

나의 가까운 몇몇 친척들은 외국에 살고 있다.

sharp teeth 날카로운 이빨

▸ A shark has really _____ teeth.

상어는 이빨이 정말 날카롭다.

road sign 도로 표지판 | *sign one's name* 서명하다

▸ Follow the road _____ to the beach. 바닷가까지 도로 표지판을 따라가라.

▸ Please _____ your name here. 여기에 서명하세요.

change the subject 주제를 바꾸다 | *difficult subject* 어려운 과목

▸ Let's change the _____. 주제를 바꾸자.

▸ Science is the most difficult _____. 과학은 가장 어려운 과목이다.

till 4 o'clock 4시까지 | *till I come back* 내가 돌아올 때까지

▸ The bank is open _____ 4 o'clock. 은행은 4시까지 문을 연다.

▸ Do your homework _____ I come back. 내가 돌아올 때까지 숙제를 해라.

poor village 가난한 마을

▸ The president was born in a very poor _____.

그 대통령은 매우 가난한 마을에서 태어났다.

59

A 다음 영어단어는 우리말로, 우리말은 영어단어로 쓰세요.

1 grand _____
2 cancel _____
3 item _____
4 pose _____
5 must _____
6 sharp _____
7 exercise _____
8 copy _____

9 믿다, 생각하다 _____
10 마을, 촌 _____
11 충고, 조언 _____
12 신문 _____
13 주제, 과목 _____
14 친척 _____
15 외국의 _____
16 의논, 논의 _____

B 다음 주어진 우리말을 참고하여 빈칸에 들어갈 알맞은 단어를 쓰세요.

1 check an _____ (항목을 점검하다)
2 _____ a note (메모를 복사하다)
3 _____ a game (경기를 취소하다)
4 poor _____ (가난한 마을)
5 change the _____ (주제를 바꾸다)
6 _____ country (외국)
7 _____ I come back (내가 돌아올 때까지)
8 have a _____ (의논을 하다)

C 다음 우리말에 맞도록 빈칸에 알맞은 단어를 쓰세요.

1 It's hard to _____ that he's only six years old. 그가 겨우 6살이라니 믿기지 않는다.

2 Give me some _____ on studying. 공부하는 것에 대해 조언을 해주세요.

3 Headaches are a _____ of stress. 두통은 스트레스의 신호이다.

4 I had a great time with my _____. 나는 친척들하고 즐거운 시간을 보냈다.

5 All passengers _____ wear their seatbelts. 모든 승객들은 좌석벨트를 매야 한다.

6 She read the story in the _____. 그녀는 신문에서 그 이야기를 읽었다.

7 He has a _____ plan for the future. 그는 미래에 굉장한 계획을 가지고 있다.

8 You need more _____ to pass the test. 그 시험에 통과하려면 더 많은 연습이 필요하다.

D 다음의 영영풀이에 알맞은 단어를 고르세요.

1 an opinion to give someone about what he or she should do
    ① service   ② advice   ③ pleasure   ④ brain

2 to think that something is true
    ① introduce   ② cancel   ③ believe   ④ pose

3 something that you study at school
    ① test   ② homework   ③ score   ④ subject

4 to write one's name on something
    ① sign   ② match   ③ design   ④ invent

5 physical activities to do in order to stay healthy
    ① exercise   ② work   ③ race   ④ camp

6 big and very impressive
    ① popular   ② usual   ③ grand   ④ common

E 다음 영어발음을 듣고 영어단어를 적은 후, 우리말 의미를 쓰세요.

단어	의미		단어	의미
1		10		
2		11		
3		12		
4		13		
5		14		
6		15		
7		16		
8		17		
9		18		

DAY 10

01

afraid [əfréid]

형 두려워하는, 걱정하는 　　　　　　　유 **scared** 두려워하는

a. frightened of something; worried that something bad will happen

02

bell [bel]

명 종, 종소리, 초인종

n. a metal object that makes a ringing sound

03

captain [kǽptin]

명 선장, 기장, 주장

n. the person in charge of a ship, aircraft, or team

04

cotton [kátn]

명 면, 솜

n. cloth or thread made from a particular plant

05

disease [dizíːz]

명 질병, 병 　　　　　　　　유 **illness; sickness**

n. an illness which makes living things sick

06

exhibit [igzíbit]

동 전시하다　　명 전시품, 전시회 　　　　명 **exhibition** 전시회, 전시

v. to show something interesting in a public place
n. an object that is a part of an exhibition

07

forest [fɔ́(ː)rist]

명 숲, 산림 　　　　　　　　유 **wood(s)**

n. a large area of land covered with trees

08

habit [hǽbit]

명 버릇, 습관

n. something that you usually do without thinking

09

lazy [léizi]

형 게으른, 나태한 　　　　　　　반 **diligent** 부지런한

a. not liking to work or to do any physical activity

be afraid of ~ ~을 두려워하다 | *afraid for ~* ~를 걱정하다

▸ Most women are _____ of snakes. 대부분의 여성들은 뱀을 두려워한다.

▸ Parents are always _____ for their children. 부모는 항상 자녀들을 걱정한다.

school bell 학교 종

▸ He heard the school _____ ring.

그는 학교 종이 울리는 소리를 들었다.

Captain Cook 쿡 선장

▸ _____ Cook was a famous pirate.

쿡 선장은 유명한 해적이었다.

cotton shirt 면 셔츠 | *cotton candy* 솜사탕

▸ This is a 100-percent _____ shirt. 이것은 순면 셔츠이다.

▸ My nephew loves _____ candy. 내 조카는 솜사탕을 아주 좋아한다.

catch a disease 병에 걸리다

▸ People can catch _____ because of dirty water.

사람들은 더러운 물 때문에 병에 걸릴 수 있다.

exhibit a photo 사진을 전시하다 | *each exhibit* 각각의 전시품

▸ The gallery is _____ photos this year. 그 미술관에서는 올해 사진을 전시한다.

▸ Each _____ has a name and number. 각각의 전시품에는 이름과 숫자가 씌여있다.

live in a forest 숲에 살다

▸ Tigers lived in the _____ in the past.

과거에는 호랑이들이 숲에 살았다.

bad habit 나쁜 버릇 | *good habit* 좋은 습관

▸ He has a bad _____ of biting his nails. 그는 손톱을 물어뜯는 나쁜 버릇을 가지고 있다.

▸ It's a good _____ to exercise regularly. 규칙적으로 운동하는 것은 좋은 습관이다.

lazy person 게으른 사람

▸ A _____ person always has a lot of excuses.

게으른 사람은 항상 핑계가 많다.

10

melt [melt]

동 녹다, 녹이다
v. to change a solid substance into a liquid

11

normal [nɔ́ːrməl]

형 평범한, 보통의, 정상적인　　유 usual 보통의　반 abnormal 비정상적인
a. usual and typically expected

12

position [pəzíʃən]

명 자세, 자리, 입장
n. the way someone is standing or sitting; the place that someone or something is in

13

report [ripɔ́ːrt]

명 보고(서), 보도　동 알리다, 보도하다
n. a paper or news article that describes an event
v. to tell people what happened

14

sense [sens]

명 감각, 느낌　　　　　　　　참 five senses 오감
n. the natural ability of sight, hearing, feeling, etc.

15

soap [soup]

명 비누
n. something used to make your body clean

16

succeed [səksíːd]

동 성공하다, 뒤를 잇다　　　반 fail 실패하다　명 success 성공
v. to do what someone wants to do; to come after someone in a particular position

17

tool [tuːl]

명 도구, 연장
n. something that you use to do a particular job

18

war [wɔːr]

명 전쟁, 전투　　　　　　　　반 peace 평화
n. fighting between two or more countries

start to melt 녹기 시작하다 | *melt ice* 얼음을 녹이다

▶ The snow starts to _____ in March. 눈은 3월에 녹기 시작한다.

▶ Hot water can quickly _____ ice. 뜨거운 물은 얼음을 빨리 녹일 수 있다.

normal life 평범한 삶 | *normal baby* 정상적인 아기

▶ They want to live _____ lives. 그들은 평범한 삶을 살기를 원한다.

▶ The baby is heavier than a _____ baby. 그 아기는 정상적인 아기보다 몸무게가 무겁다.

strange position 이상한 자세

▶ He is sleeping in a strange _____.

그는 이상한 자세로 잠을 자고 있다.

write a report 보고서를 작성하다 | *report an accident* 사고를 알리다

▶ I should write a _____ today. 나는 오늘 보고서를 작성해야 한다.

▶ Don't _____ the accident to him. 그에게 사고를 알리지 마라.

sense of smell 후각

▶ A dog has a very good _____ of smell.

개는 매우 좋은 후각을 가졌다.

with soap 비누로

▶ Wash your hands with _____ and water.

비누와 물로 네 손을 씻어라.

succeed in ~ ~에 성공하다

▶ The Wright brothers _____ in making the first plane.

라이트 형제는 최초의 비행기를 만드는 데 성공했다.

use a tool 도구를 사용하다

▶ When did people start using _____?

사람들은 언제부터 도구를 사용하기 시작했나요?

the Korean War 한국전쟁

▶ My grandfather fought in the Korean _____.

우리 할아버지는 한국전쟁에서 싸우셨다.

DAY 10 Exercise

A 다음 영어단어는 우리말로, 우리말은 영어단어로 쓰세요.

1 report _____
2 habit _____
3 captain _____
4 exhibit _____
5 sense _____
6 normal _____
7 melt _____
8 bell _____

9 질병, 병 _____
10 숲, 삼림 _____
11 전쟁, 전투 _____
12 게으른, 나태한 _____
13 면, 솜 _____
14 도구, 연장 _____
15 비누 _____
16 자세, 자리, 입장 _____

B 다음 주어진 우리말을 참고하여 빈칸에 들어갈 알맞은 단어를 쓰세요.

1 be _____ of ~ (~을 두려워하다)
2 school _____ (학교 종)
3 _____ a photo (사진을 전시하다)
4 _____ person (게으른 사람)
5 _____ ice (얼음을 녹이다)
6 _____ baby (정상적인 아기)
7 _____ in ~ (~에 성공하다)
8 the Korean _____ (한국전쟁)

C 다음 우리말에 맞도록 빈칸에 알맞은 단어를 쓰세요.

1 My uncle has no _____ of humor. 우리 삼촌은 유머감각이 전혀 없으시다.
2 Do you know who _____ King Henry? 너는 누가 헨리 왕의 뒤를 이었는지 아니?
3 Most people have at least one _____. 대부분의 사람들은 최소한 하나의 버릇을 가지고 있다.
4 His story was _____ on TV yesterday. 그의 이야기는 어제 TV에 보도되었다.
5 What would you do if you were in my _____? 내 입장이라면 너는 어떻게 할 거니?
6 Don't be _____ of asking questions. 질문하는 것을 두려워하지 마라.
7 Many people die of heart _____. 많은 사람들이 심장병으로 죽는다.
8 A lot of _____ are destroyed each year. 매년 많은 산림이 파괴되고 있다.

D 다음의 영영풀이에 알맞은 단어를 고르세요.

1 worried that something bad will happen
   ① exciting   ② shy   ③ fun   ④ afraid

2 to show something interesting in a public place
   ① warn   ② exhibit   ③ discuss   ④ introduce

3 something that you usually do without thinking
   ① contest   ② goal   ③ habit   ④ smoke

4 not liking to work or to do any physical activity
   ① lazy   ② strange   ③ foreign   ④ diligent

5 to do what someone wants to do
   ① succeed   ② guide   ③ reach   ④ invent

6 the natural ability of sight, hearing, feeling, etc.
   ① science   ② body   ③ nature   ④ sense

E 다음 영어발음을 듣고 영어단어를 적은 후, 우리말 의미를 쓰세요.

	단어	의미		단어	의미
1			10		
2			11		
3			12		
4			13		
5			14		
6			15		
7			16		
8			17		
9			18		

 DAY 11

01

alive [əláiv]

형 살아있는, 활기 넘치는 　　　　　　　　반 **dead** 죽은
a. living; not dead; full of energy

02

below [bilóu]

전 ～ 아래에, ～ 이하의　　부 아래에　　　반 **above** 위에
prep. | *adv.* in a lower place or on a lower level

03

cash [kæʃ]

명 현금　　　　　　　　　　　참 **check** 수표
n. money in the form of bills and coins

04

cough [kɔ(ː)f]

명 기침　　동 기침하다
n. the action or sound made when you cough
v. to push air out of your throat with a sound

05

drawer [drɔ́ːər]

명 서랍
n. the part of furniture that is used for keeping things

06

exit [éksit]

명 출구　　　　　　　　　　반 **entrance** 입구
n. a door through which people go out of a building

07

forever [fərévər]

부 영원히
adv. for all time

08

hall [hɔːl]

명 홀, 넓은 방, 복도, 현관　　　　　참 **city hall** 시청
n. a large room for meetings or concerts; a corridor in a building

09

joke [dʒouk]

명 농담　　동 농담하다
n. something that you say to make people laugh
v. to say things that make people laugh

be alive 살아 있다 | *feel alive* 활기가 넘치다

▸ His grandparents are still _____. 그의 조부모님은 여전히 살아계신다.

▸ The red color makes people feel _____. 빨간색은 사람들을 활기가 넘치게 한다.

below ground 땅 아래에 | *see below* 아래를 보다

▸ Some animals live _____ ground. 어떤 동물들은 땅 아래에 산다.

▸ For more information, see _____. 더 많은 정보를 얻기 위해서는 아래를 보세요.

pay in cash 현금으로 지급하다

▸ Will you pay in _____ or by credit card?

현금으로 내시겠습니까, 아니면 카드로 내시겠습니까?

have a cough 기침을 하다 | *cough a lot* 기침을 많이 하다

▸ Do you also have a _____? 기침도 하시나요?

▸ She _____ a lot last night. 그녀는 지난 밤에 기침을 많이 했다.

desk drawer 책상 서랍

▸ The glue stick is in the desk _____.

풀은 책상 서랍에 있다.

fire exit 화재용 비상구

▸ This building has a fire _____ on each floor.

이 건물에는 각 층마다 화재용 비상구가 있다.

live forever 영원히 살다

▸ No one can live _____.

아무도 영원히 살 수 없다.

concert hall 콘서트 홀

▸ People gathered in the concert _____.

콘서트 홀에 사람들이 모여 있었다.

as a joke 농담으로 | *joke with ~* ~와 농담을 하다

▸ I meant it as a _____. 농담으로 한 이야기이다.

▸ Derek always _____ with his friends. 데릭은 항상 친구들과 농담을 한다.

10

member [mémbər]

명 회원, 구성원

n. a person or country that belongs to a group

11

noon [nuːn]

명 정오, 낮 12시 　　　　　　　　유 midday

n. twelve o'clock in the middle of the day

12

pour [pɔːr]

동 따르다, 마구 쏟아지다

v. to make a liquid flow out of a container; to rain heavily

13

respect [rispékt]

명 존경, 존중　동 존경하다, 존중하다 　　유 admire

n. a feeling of admiration
v. to admire someone

14

series [síəriːz]

명 연속, 시리즈

n. a set of similar things that follow one after another

15

soil [sɔil]

명 토양, 흙 　　　　　　　　　　유 ground; earth

n. the top layer of the Earth where plants grow

16

successful
[səksésfəl]

형 성공적인, 성공한 　　　　　　동 succeed 성공하다

a. having the results you want

17

topic [tápik]

명 주제, 화제 　　　　　　　　　유 theme

n. a subject that you talk or write about

18

weigh [wei]

동 무게가 ～이다, 무게를 재다 　　명 weight 체중, 무게

v. to have a particular weight; to measure how heavy
　　something is

new member 새로운 회원
▶ Let me introduce our new _____.
우리의 새로운 회원을 소개해 드리겠습니다.

until noon 정오까지
▶ They couldn't get up until _____ the next day.
그들은 다음 날 정오까지 일어나지 못했다.

pour water 물을 따르다 | *pour down* (비가) 쏟아져 내리다
▶ Would you _____ some water for me? 나를 위해 물을 좀 따라 주실래요?
▶ The rain _____ down for a week. 일주일 동안 비가 쏟아져 내렸다.

respect for ~ ~에 대한 존경 | *respect others' ideas* 다른 사람의 생각을 존중하다
▶ He always has _____ for old people. 그는 항상 노인을 존경한다.
▶ We must _____ others' ideas. 우리는 다른 사람의 생각을 존중해야 한다.

a series of 일련의
▶ She is writing a _____ of science reports.
그녀는 일련의 과학 보고서를 쓰고 있다.

poor soil 척박한 토양
▶ Corn can grow well in poor _____.
옥수수는 척박한 땅에서도 잘 자란다.

successful life 성공적인 삶
▶ He lived a _____ life.
그는 성공적인 삶을 살았다.

topic of ~ ~의 주제
▶ The _____ of today's conversation is global warming.
오늘의 대화의 주제는 지구 온난화이다.

weigh a ton 매우 무겁다 | *weigh mail* 우편물의 무게를 재다
▶ Your books _____ a ton. 너의 책들은 매우 무겁다.
▶ Would you _____ the mail? 우편물의 무게를 달아주시겠어요?

71

A 다음 영어단어는 우리말로, 우리말은 영어단어로 쓰세요.

1 respect _____
2 hall _____
3 alive _____
4 noon _____
5 forever _____
6 member _____
7 pour _____
8 weigh _____

9 성공적인, 성공한 _____
10 토양, 흙 _____
11 기침, 기침하다 _____
12 주제, 화제 _____
13 출구 _____
14 농담, 농담하다 _____
15 연속, 시리즈 _____
16 서랍 _____

B 다음 주어진 우리말을 참고하여 빈칸에 들어갈 알맞은 단어를 쓰세요.

1 pay in _____ (현금으로 지급하다)
2 _____ water (물을 따르다)
3 have a _____ (기침을 하다)
4 poor _____ (척박한 토양)
5 _____ of ~ (~의 주제)
6 fire _____ (화재용 비상구)
7 be _____ (살아 있다)
8 concert _____ (콘서트 홀)

C 다음 우리말에 맞도록 빈칸에 알맞은 단어를 쓰세요.

1 People will remember him _____. 사람들은 그를 영원히 기억할 것이다.

2 How much do you _____? 몸무게가 얼마나 나가세요?

3 Calm down. He's just _____. 진정해라, 그는 그저 농담했을 뿐이다.

4 It is for children _____ ten years of age. 그것은 10세 이하의 아이들을 위한 것이다.

5 Have you ever read the *Harry Potter* _____? 해리포터 시리즈를 읽어 본 적이 있니?

6 The movie was very _____ in Hollywood. 그 영화는 할리우드에서 아주 성공했다.

7 I have the greatest _____ for my parents. 나는 우리 부모님을 가장 존경한다.

8 How much _____ do you have on you? 현금을 얼마나 가지고 있니?

D 다음의 영영풀이에 알맞은 단어를 고르세요.

1 the top layer of the Earth where plants grow
   ① soil   ② camp   ③ hall   ④ desert

2 for all time
   ① complete   ② forever   ③ basic   ④ relative

3 having the results you want
   ① normal   ② grand   ③ successful   ④ magic

4 twelve o'clock in the middle of the day
   ① date   ② morning   ③ afternoon   ④ noon

5 to have a good opinion about a person
   ① discuss   ② believe   ③ respect   ④ imagine

6 not dead
   ① afraid   ② alive   ③ thick   ④ regular

E 다음 영어발음을 듣고 영어단어를 적은 후, 우리말 의미를 쓰세요.

단어	의미		단어	의미
1		10		
2		11		
3		12		
4		13		
5		14		
6		15		
7		16		
8		17		
9		18		

ABC

DAY 12

01 **allow** [əláu]

통 허락하다, 허용하다   유 permit   명 allowance 용돈

v. to let someone do or have something

02 **bill** [bil]

명 청구서, 계산서, 지폐   유 note 지폐

n. a list showing how much money one owes; a piece of paper money

03 **cave** [keiv]

명 동굴

n. a large hole in the side of a hill or under the ground

04 **couple** [kʌ́pəl]

명 두 사람(개), 한 쌍, 부부

n. two things or people of the same type; two people who are married

05 **dot** [dɑt]

명 점   유 spot

n. a very small, round mark

06 **explain** [ikspléin]

통 설명하다, 해명하다   명 explanation 설명

v. to tell people about something to help them understand it

07 **garage** [ɡərɑ́ːʒ]

명 차고, 주차장

n. a building in which you keep a car

08 **headache** [hédeik]

명 두통

n. a pain in the head

09 **luck** [lʌk]

명 운, 행운   형 lucky 행운의

n. good things that happen to you by chance

allow A to B A에게 B를 허락하다

▶ My mother didn't _____ me to go to the party.

우리 엄마는 내가 파티에 가는 것을 허락하지 않으셨다.

phone bill 전화요금 청구서 | *ten-dollar bill* 10달러 짜리 지폐

▶ Did you receive the phone _____? 너는 전화요금 청구서를 받았니?

▶ This is a ten-dollar _____ from Australia. 이것이 호주의 10달러 짜리 지폐이다.

in a cave 동굴 안에서

▶ People lived in _____ a long time ago.

오래 전에 사람들은 동굴 안에서 살았다.

a couple of years 두서너 해 | *young couple* 젊은 부부

▶ I saw her a _____ of years ago. 나는 그녀를 두서너 해 전에 보았다.

▶ The young _____ has two daughters. 그 젊은 부부에게는 두 명의 딸이 있다.

small dot 작은 점

▶ Korea looks like a small _____ from space.

우주에서 한국은 작은 점처럼 보인다.

explain a rule 규칙을 설명하다

▶ Could you _____ the rules of baseball?

야구 경기의 규칙을 설명해 줄 수 있겠니?

in front of a garage 차고 앞에 | *garage sale* (중고품) 차고 세일

▶ Don't stand in front of the _____. 차고 앞에 서 있지 마라.

▶ I bought a chair at a _____ sale. 나는 차고 세일에서 의자를 샀다.

have a bad headache 심한 두통이 있다

▶ Take a rest if you have a bad _____.

심한 두통이 있을 때는 휴식을 취해라.

good luck 행운

▶ She believes her four-leaf clover brings her good _____.

그녀는 네 잎 클로버가 행운을 가져다 준다고 믿는다.

10 memory [méməri]

명 기억력, 기억   동 **memorize** 암기하다

n. an ability to remember things; something that you remember from the past

11 northern [nɔ́ːrðərn]

형 북쪽의, 북부의   명 **north** 북쪽

a. in or from the north of a country or area

12 power [páuər]

명 힘, 능력, 에너지   형 **powerful** 강력한; **powerless** 힘없는

n. the ability to control people or events; energy that is used to operate machines

13 return [ritə́ːrn]

동 돌아오다(가다), 돌려주다

v. to go or come back to a place where you were before; to give something back

14 serve [səːrv]

동 제공하다, 시중들다, 섬기다   명 **service** 서비스, 봉사

v. to give someone food or drink; to help customers in a shop

15 soldier [sóuldʒər]

명 군인, 병사

n. a member of a country's army

16 suffer [sʌ́fər]

동 고통을 받다

v. to feel pain in your body or mind

17 total [tóutl]

형 완전한, 전체의   명 합계, 총액

a. complete; with all the numbers added together
n. the final number or amount of things or people

18 western [wéstərn]

형 서쪽의, (W~) 서양의   명 **west** 서쪽

a. in or from the west of a country or area; relating to America and Europe

have a short memory 잘 잊어버리다
- He has a short _____ for names.

  그는 이름을 잘 잊어버린다.

Northern Europe 북유럽
- He traveled to _____ Europe during his vacation.

  그는 휴가 때 북유럽을 여행했다.

the power of nature 자연의 힘 | *wind power* 풍력
- The _____ of nature is surprising. 자연의 힘은 놀랍다.
- This machine works by wind _____. 이 기계는 풍력에 의해 작동된다.

return home 집으로 돌아오다 | *return one's book* 책을 돌려주다
- When did you _____ home? 너는 언제 집으로 돌아왔니?
- Don't forget to _____ her books. 그녀의 책을 돌려주는 것을 잊지 마라.

serve fresh food 신선한 음식을 제공하다
- The restaurant _____ fresh food every day.

  그 식당은 매일 신선한 음식을 제공한다.

great soldier 위대한 군인
- He will be remembered as a great _____.

  그는 위대한 군인으로 기억될 것이다.

suffer from ~ ~로 부터 고통을 받다
- Jake is _____ from a bad toothache.

  제이크는 심한 치통으로 고통을 받고 있다.

total cost 전체 비용 | *in total* 합계하여
- How much is the _____ cost? 그것의 전체 비용은 얼마나 되니?
- Over 30 students attended in _____. 합계하여 30명이 넘는 학생들이 참가했다.

western part 서부 지역 | *Western culture* 서양 문화
- He is from the _____ part of Spain. 그는 스페인 서부 지역에서 왔다.
- _____ culture is different from Korean culture. 서양 문화는 한국 문화와 다르다.

A 다음 영어단어는 우리말로, 우리말은 영어단어로 쓰세요.

1 couple _____
2 allow _____
3 memory _____
4 suffer _____
5 western _____
6 total _____
7 serve _____
8 return _____

9 설명하다, 해명하다 _____
10 힘, 능력, 에너지 _____
11 청구서, 계산서, 지폐 _____
12 동굴 _____
13 운, 행운 _____
14 점 _____
15 군인, 병사 _____
16 북쪽의, 북부의 _____

B 다음 주어진 우리말을 참고하여 빈칸에 들어갈 알맞은 단어를 쓰세요.

1 _____ home (집으로 돌아오다)

2 _____ sale (차고 세일)

3 wind _____ (풍력)

4 have a short _____ (잘 잊어버리다)

5 _____ Europe (북유럽)

6 have a bad _____ (심한 두통이 있다)

7 _____ from ~ (~로 부터 고통을 받다)

8 in _____ (합계하여)

C 다음 우리말에 맞도록 빈칸에 알맞은 단어를 쓰세요.

1 Could we have the _____, please? 계산서를 주시겠어요?

2 She is very interested in _____ art. 그녀는 서양 예술에 관심이 매우 높다.

3 Many _____ died in World War II. 세계 2차 대전에서 많은 군인들이 죽었다.

4 Can you _____ how to use your phone? 네 전화기 사용하는 법을 좀 설명해 줄래?

5 You will be all right in a _____ of days. 너는 이삼일 정도면 괜찮아질 것이다.

6 He couldn't believe his good _____. 그는 그의 행운을 믿을 수 없었다.

7 You are not _____ to take pictures here. 여기서는 사진을 찍을 수 없습니다.

8 Lunch is _____ between 12 and 2 p.m. 점심은 12시에서 2시 사이에 제공된다.

D 다음의 영영풀이에 알맞은 단어를 고르세요.

1 to tell people about something to help them understand it
　① explain　　　② guide　　　③ invent　　　④ follow

2 to go or come back to a place where you were before
　① enter　　　② serve　　　③ return　　　④ burn

3 relating to America and Europe
　① Western　　　② successful　　　③ magic　　　④ Northern

4 to feel pain in your body or mind
　① focus　　　② suffer　　　③ headache　　　④ envy

5 good things that happen to you by chance
　① secret　　　② success　　　③ luck　　　④ pleasure

6 to let someone do or have something
　① report　　　② exhibit　　　③ succeed　　　④ allow

E 다음 영어발음을 듣고 영어단어를 적은 후, 우리말 의미를 쓰세요.

단어	의미		단어	의미
1		10		
2		11		
3		12		
4		13		
5		14		
6		15		
7		16		
8		17		
9		18		

ABC

01
along [əlɔ́ːŋ]

전 ~을 따라 부 함께, 앞으로

prep. moving on or beside a line
adv. together with someone

02
billion [bíljən]

명 10억 참 **billionaire** 억만장자, 갑부

n. the number 1,000,000,000

03
certain [sə́ːrtən]

형 확신하는, 확실한, 어떤 유 **sure** 확신하는

a. having no doubt that something is true; used to talk about
a particular person or thing

04
course [kɔːrs]

명 강좌, 항로, 방향, 과정

n. a series of classes in a particular subject

05
double [dʌ́bəl]

형 두 배의, 2인용의, 이중의 명 두 배

a. twice as big or as much as usual
n. something that is twice as big or as much as usual

06
express [iksprés]

동 표현하다, 나타내다 형 급행의 명 **expression** 표현

v. to show what you think or feel
a. traveling more quickly than usual by train or bus

07
form [fɔːrm]

명 형태, 종류, 방식, 서식 유 **type; kind** 형태, 종류

n. a type or kind of something; an official document for
personal information

08
hang [hæŋ]
*hang - hung - hung

동 걸다, 매달다 참 **hanger** 옷걸이

v. to fix a picture, photo, etc. to a wall

09
kill [kil]

동 죽이다

v. to make a person or other living thing die

along King Street 킹스트리트를 따라 | *come along* 함께 가다

▶ Go _____ King Street and turn left. 킹스트리트를 따라가다 왼쪽으로 돌아라.

▶ Why don't you come _____ with us? 우리와 함께 가지 않을래?

1.4 billion 14억

▶ There are around 1.4 _____ people in China.
중국에는 약 14억의 사람들이 있다.

be certain 확신하다 | *certain people* 어떤 사람들

▶ I am _____ that he will succeed. 나는 그가 성공할 것이라고 확신한다.

▶ _____ people don't eat meat at all. 어떤 사람들은 고기를 전혀 먹지 않는다.

English conversation course 영어회화 강좌

▶ I completed an English conversation _____.
나는 영어회화 강좌를 수료했다.

almost double 거의 두 배의 | *pay double* 두 배로 지불하다

▶ His house is almost _____ the size of ours. 그의 집은 우리 집보다 거의 두 배이다.

▶ You should pay _____ the price. 너는 가격의 두 배로 지불해야 한다.

express one's ideas 생각을 표현하다 | *express train* 급행열차

▶ Can you _____ your ideas in English? 네 생각을 영어로 표현할 수 있니?

▶ He took an _____ train to Seoul. 그는 서울로 가는 급행열차를 탔다.

art form 예술 형태

▶ Design is a kind of art _____.
디자인은 예술의 한 형태이다.

hang a clock 시계를 걸다

▶ I want to _____ a clock on the wall.
나는 벽에 시계를 걸고 싶다.

kill an animal 동물을 죽이다

▶ People _____ animals to get their skin and meat.
사람들은 가죽과 고기를 얻기 위해서 동물들을 죽인다.

10

mess [mes]

명 엉망인 상태(상황)

참 **messy** 엉망인, 지저분한

n. a situation in which a place is dirty or untidy

11

note [nout]

명 메모, 쪽지, 기록, 필기

n. a short letter; something you write down as a reminder

12

principal [prínsəpəl]

형 주된, 주요한　명 교장

유 **main** 주요한

a. most important

n. the person in charge of a school or college

13

rise [raiz]

*rise - rose - risen

동 오르다, 증가하다　명 증가, 상승

반 **fall; sink** 떨어지다

v. to move upward; to increase in number or amount

14

simple [símpəl]

형 간단한, 단순한

부 **simply** 간단히, 단순히

a. easy to understand; made of only a few parts

15

solve [salv]

동 해결하다, 풀다

명 **solution** 해결(책)

v. to find an answer or a way to deal with a problem

16

suit [su:t]

명 정장, ~옷　동 맞다, 어울리다

유 **fit** 어울리다

n. a set of clothes made from the same cloth

v. to make you look good

17

tour [tuər]

명 여행, 관광　동 여행하다

유 **trip**

n. a journey for pleasure

v. to visit several parts of a country

18

wheel [*h*wi:l]

명 바퀴

n. a round object that turns around to make a car move

make a mess 엉망으로 만들다
▶ You always make a _____ wherever you go.
너는 어디를 가든지 엉망으로 만드는구나.

leave a note 메모를 남기다
▶ He left a _____ for you.
그가 너에게 메모를 남겼다.

principal reason 주된 이유 | *school principal* 학교 교장
▶ What's the _____ reason for his success? 그의 성공의 주된 이유는 무엇입니까?
▶ We all respect our school _____. 우리는 모두 우리 교장 선생님을 존경한다.

rise from ~ ~로 부터 오르다 | *price rise* 가격 상승
▶ Smoke _____ from the chimney. 굴뚝에서 연기가 피어오른다.
▶ We are suffering from the oil price _____. 우리는 유가 상승으로 고통을 받고 있다.

simple to use 사용하기 간단한
▶ A digital camera is _____ to use.
디지털 카메라는 사용하기 간단하다.

solve a problem 문제를 해결하다
▶ It's the best way to _____ the problem.
그것이 그 문제를 해결하는 최선의 방법이다.

black suit 검은색 정장 | *suit well* 잘 어울리다
▶ I wore a black _____ to my job interview. 나는 취업 면접을 위해 검은색 정장을 입었다.
▶ This skirt really _____ you well. 이 치마가 너에게 정말 잘 어울린다.

walking tour 도보 여행 | *tour America* 미국을 여행하다
▶ I'm planning to go on a walking _____. 나는 도보 여행을 갈 계획이다.
▶ He _____ America for two months. 그는 두 달 동안 미국을 여행했다.

front wheel 앞 바퀴
▶ One of the front _____ has a flat tire.
앞 바퀴 하나가 바람이 빠졌다.

A 다음 영어단어는 우리말로, 우리말은 영어단어로 쓰세요.

1 hang _____
2 note _____
3 along _____
4 rise _____
5 express _____
6 suit _____
7 double _____
8 tour _____

9 바퀴 _____
10 간단한, 단순한 _____
11 죽이다 _____
12 형태, 종류, 방식, 서식 _____
13 엉망인 상태(상황) _____
14 강좌, 항로, 방향, 과정 _____
15 10억 _____
16 주된, 주요한, 교장 _____

B 다음 주어진 우리말을 참고하여 빈칸에 들어갈 알맞은 단어를 쓰세요.

1 art _____ (예술 형태)
2 price _____ (가격 상승)
3 leave a _____ (메모를 남기다)
4 walking _____ (도보 여행)
5 English conversation _____ (영어회화 강좌)
6 _____ a problem (문제를 해결하다)
7 school _____ (학교 교장)
8 _____ a clock (시계를 걸다)

C 다음 우리말에 맞도록 빈칸에 알맞은 단어를 쓰세요.

1 He is _____ time playing a game. 그는 게임을 하면서 시간을 보내고 있다.

2 I want to _____ my thanks to you. 당신에게 감사함을 표현하고 싶습니다.

3 It is _____ that he will agree with you. 그가 너에게 동의할 것이 확실하다.

4 I need to buy a new swimming _____. 나는 새 수영복을 사야 한다.

5 You should clean up after you make a _____. 어질러 놓은 다음에는 정리해야 한다.

6 The airplane _____ fold after taking off. 비행기는 이륙한 후에 바퀴를 접는다.

7 They enjoyed a _____ life in the country. 그들은 시골에서 소박한 삶을 즐겼다.

8 The little boy can _____ any math problem. 그 어린 소년은 어떤 수학 문제라도 풀 수 있다.

D 다음의 영영풀이에 알맞은 단어를 고르세요.

1 the person in charge of a school or college
① principal　　② soldier　　③ guest　　④ nephew

2 to find an answer or a way to deal with a problem
① understand　　② match　　③ pose　　④ solve

3 a situation in which a place is dirty or untidy
① victory　　② view　　③ mess　　④ battle

4 the number 1,000,000,000
① thousand　　② hundred　　③ billion　　④ million

5 having no doubt that something is true
① normal　　② certain　　③ lazy　　④ tidy

6 to show what you think or feel
① discuss　　② express　　③ exhibit　　④ explain

E 다음 영어발음을 듣고 영어단어를 적은 후, 우리말 의미를 쓰세요.

단어	의미		단어	의미
1		10		
2		11		
3		12		
4		13		
5		14		
6		15		
7		16		
8		17		
9		18		

ABC

01

average [ǽvəridʒ]

형 평균의, 보통의　명 평균

a. typical of a group of people or things

n. a typical amount

02

birth [bəːrθ]

명 탄생, 출산　참 birthday 생일

n. the act of being born

03

center [séntər]

명 중앙, 중심, 가운데　유 middle　참 center = centre

n. the middle of a space, area, or object

04

crack [kræk]

동 금이 가다, 깨다　명 금, (갈라진) 틈　유 break 깨다

v. to make something break

n. a very narrow space between two things

05

drama [dráːmə]

명 드라마, 연극　유 soap opera 드라마

n. a performance for the theater, television, or radio

06

extra [ékstrə]

형 추가의, 여분의　유 spare 여분의

a. more of something

07

found [faund]

동 설립하다　명 foundation 설립　유 establish

v. to start something like a company or school

08

happen [hǽpən]

동 일어나다, 발생하다　유 occur

v. to take place, usually without being planned

09

less [les]

형 더 적은, 덜 ~한　부 더 적게, 덜　반 more 더 많은, 더 많이

a. | *adv.* a smaller amount; not as much

average age 평균 나이 | *on average* 보통
▶ Their _____ age is thirteen. 그들의 평균 나이는 13살이다.
▶ How many hours do you watch TV on _____? 너는 보통 몇 시간 TV를 보니?

date of birth 생년월일 | *give birth to ~* ~를 낳다
▶ Write your date of _____ on the form. 서식에 네 생년월일을 써라.
▶ My aunt gave _____ to twins. 우리 이모는 쌍둥이를 낳았다.

in the center 중앙에
▶ He is standing in the _____ of the road.
  그는 도로 중앙에 서 있다.

crack a bone 뼈에 금이 가다
▶ She _____ a bone in her foot.
  그녀는 발뼈에 금이 갔다.

drama series 드라마 시리즈
▶ It's a new _____ series on Monday night.
  그것은 월요일 밤에 방영하는 새 드라마 시리즈이다.

extra cost 추가 비용
▶ You can use it for no _____ cost.
  너는 추가 비용 없이 그것을 이용할 수 있다.

found a hospital 병원을 설립하다
▶ The rich man _____ a hospital for the poor.
  그 부자는 가난한 사람들을 위해 병원을 설립했다.

happen all the time 항상 일어나다 | *happen to meet* 우연히 만나다
▶ Accidents _____ all the time. 사고는 항상 일어나게 마련이다.
▶ I _____ to meet him at the theater. 나는 극장에서 우연히 그를 만났다.

less time 더 적은 시간 | *eat less* 덜 먹다
▶ I spend _____ time with my family. 나는 가족들과 보내는 시간이 줄었다.
▶ You should eat _____ to lose weight. 살을 빼려면 덜 먹어야 한다.

10

message [mésidʒ]

명 메시지, 전갈

n. a spoken or written piece of information for a person

11

ocean [óuʃən]

명 대양, 바다   유 **sea** 바다

n. one of the great bodies of salt water that cover most of the Earth

12

prepare [pripɛ́ər]

동 준비하다, 대비하다   명 **preparation** 준비, 대비

v. to make something ready

13

roast [roust]

동 굽다, 볶다   형 구운

v. to cook food in an oven or over a fire
a. cooked in an oven or over a fire

14

set [set]
*set - set - set

동 놓다, 정하다, (기기를) 맞추다

v. to put something in a position; to decide when or where an event will happen

15

sour [sáuər]

형 맛이 신, 시큼한

a. with a taste like a lemon

16

survey [sə́ːrvei]

명 (설문) 조사   동 조사하다, 점검하다 [sərvéi]

n. a set of questions to ask people to find out their opinions
v. to look carefully at someone or something

17

tower [táuər]

명 탑   유 **pagoda**

n. a tall, narrow building that stands alone

18

worm [wəːrm]

명 (땅 속에 사는) 벌레

n. a creature with a long, soft body and no bones or legs

leave a message 메시지를 남기다 | *take a message* 메시지를 받다
▸ Would you like to leave a _____ ? 메시지를 남기시겠어요?
▸ May I take a _____ ? 메시지를 남겨드릴까요?

the Pacific Ocean 태평양
▸ The Pacific _____ is the largest ocean on the Earth.
  태평양은 지구상에서 가장 큰 대양이다.

prepare a report 보고서를 준비하다
▸ He is busy _____ a report.
  그는 보고서를 준비하느라 바쁘다.

roast beef 소고기를 굽다 | *roast chestnut* 구운 밤
▸ He is _____ beef for the party. 그는 파티를 위해 소고기를 굽고 있다.
▸ _____ chestnuts are popular in winter. 구운 밤은 겨울에 인기가 많다.

set a vase 꽃병을 놓다 | *set a date* 날짜를 정하다
▸ Don't _____ the vase on the kitchen table. 꽃병을 부엌 식탁 위에 놓지 마라.
▸ Let's _____ a date to go camping. 캠핑을 갈 날짜를 정하자.

sour fruit 신 과일
▸ _____ fruits like lemons have lots of vitamin C.
  레몬과 같이 신 과일에는 비타민 C가 많이 들어 있다.

carry out a survey 설문 조사하다 | *survey an accident* 사고를 조사하다
▸ We carried out a _____ about school uniforms. 우리는 교복에 대해 설문 조사를 했다.
▸ He _____ the accident the next day. 그는 다음날 사고를 조사했다.

clock tower 시계탑
▸ The clock _____ is 50 meters tall.
  그 시계탑은 높이가 50미터이다.

catch a worm 벌레를 잡다
▸ The early bird catches the _____ .
  일찍 일어나는 새가 벌레를 잡는다. (부지런해야 성공한다.)

A 다음 영어단어는 우리말로, 우리말은 영어단어로 쓰세요.

1	drama	_____	9	굽다, 볶다, 구운	_____
2	survey	_____	10	평균의, 보통의, 평균	_____
3	tower	_____	11	설립하다	_____
4	extra	_____	12	대양, 바다	_____
5	sour	_____	13	중심, 중앙, 가운데	_____
6	happen	_____	14	준비하다, 대비하다	_____
7	set	_____	15	메시지, 전갈	_____
8	worm	_____	16	탄생, 출산	_____

B 다음 주어진 우리말을 참고하여 빈칸에 들어갈 알맞은 단어를 쓰세요.

1 _____ a hospital (병원을 설립하다)

2 leave a _____ (메시지를 남기다)

3 catch a _____ (벌레를 잡다)

4 _____ time (더 적은 시간)

5 give _____ to ~ (~를 낳다)

6 _____ a report (보고서를 준비하다)

7 _____ to meet (우연히 만나다)

8 clock _____ (시계탑)

C 다음 우리말에 맞도록 빈칸에 알맞은 단어를 쓰세요.

1 The sun is not the _____ of the universe. 태양은 우주의 중심이 아니다.

2 Old buildings have _____ in their walls. 오래된 건물들은 벽에 금이 가 있다.

3 Our room has a good view of the _____. 우리 방은 바다가 보이는 좋은 전망을 가지고 있다.

4 We _____ 1,000 people in ten countries. 우리는 10개국의 천 명의 사람들에게 설문 조사를 했다.

5 Last summer was hotter than the _____ year. 지난 여름은 평년보다 더웠다.

6 I need some _____ money for my trip. 나는 여행을 가기 위해 여분의 돈이 조금 필요하다.

7 Did you _____ the alarm clock for seven o'clock? 알람 시계를 7시로 맞추었니?

8 He only weighed 2 kilograms at _____. 그는 태어날 때 2Kg 밖에 되지 않았다.

D 다음의 영영풀이에 알맞은 단어를 고르세요.

1 one of the great bodies of salt water that cover most of the Earth
　① lake　　　　② river　　　　③ ocean　　　　④ cave

2 to take place, usually without being planned
　① believe　　　② complete　　　③ collect　　　④ happen

3 more of something
　① double　　　② extra　　　③ normal　　　④ elementary

4 to make something ready
　① set　　　　② succeed　　　③ waste　　　④ prepare

5 a set of questions to ask people to find out their opinions
　① survey　　　② report　　　③ schedule　　　④ topic

6 to start something like a company or school
　① found　　　② begin　　　③ suffer　　　④ break

E 다음 영어발음을 듣고 영어단어를 적은 후, 우리말 의미를 쓰세요.

단어	의미		단어	의미
1 _____ _____		10 _____ _____	
2 _____ _____		11 _____ _____	
3 _____ _____		12 _____ _____	
4 _____ _____		13 _____ _____	
5 _____ _____		14 _____ _____	
6 _____ _____		15 _____ _____	
7 _____ _____		16 _____ _____	
8 _____ _____		17 _____ _____	
9 _____ _____		18 _____ _____	

ABC

01

already [ɔ:lrédi]
- 閉 이미, 벌써
- *adv.* used for saying that something has happened before now

02

blind [blaind]
- 톙 눈이 먼, 장님의
- 참 **deaf** 귀 먹은
- *a.* unable to see

03

ceiling [sí:liŋ]
- 톉 천장
- 참 **roof** 지붕
- *n.* the surface that is above you in a room

04

crazy [kréizi]
- 톙 미친, 정상이 아닌
- 윤 **mad**
- *a.* very strange or not normal

05

dive [daiv]
- 툥 뛰어들다, 다이빙하다, 잠수하다
- *v.* to jump into water with your head first; to swim underwater by using special equipment

06

fact [fækt]
- 톉 사실, 진실
- 윤 **truth** 톤 **lie** 거짓
- *n.* a piece of true information

07

freedom [frí:dəm]
- 톉 자유
- 톙 **free** 자유로운
- *n.* the right to do what you want

08

handle [hǽndl]
- 툥 다루다, 처리하다 톉 손잡이
- *v.* to take action to deal with a difficult situation
- *n.* the part of a door that opens it

09

language [lǽŋgwidʒ]
- 톉 언어, 말
- *n.* a system of communication using written or spoken words

already know 이미 알다
▶ Did they _____ know about it?
그들은 그것에 대해 이미 알고 있었니?

go blind 눈이 멀다 | *the blind* 맹인들
▶ The disease made her go _____. 그 병이 그녀의 눈을 멀게 만들었다.
▶ This is a guide dog for the _____. 이것은 맹인을 위한 안내견이다.

low ceiling 낮은 천장
▶ The hall is very big, but it has a low _____.
그 홀은 매우 크지만 천장은 낮았다.

crazy idea 미친 생각 | *be crazy about ~* ~에 열광하다
▶ Don't you think that's a _____ idea? 그것은 미친 생각이라고 생각하지 않니?
▶ Brazilians are _____ about soccer. 브라질 사람들은 축구에 열광한다.

dive into water 물 속에 뛰어들다
▶ Don't _____ into the water without warming up.
준비운동을 하지 않고 물 속에 뛰어들지 마라.

in fact 사실은
▶ In _____, he broke the window.
사실은 그가 유리창을 깼다.

freedom of expression 표현의 자유
▶ Every person has _____ of expression.
모든 사람은 표현의 자유를 가지고 있다.

handle stress 스트레스를 다루다 | *turn a handle* 손잡이를 돌리다
▶ He doesn't _____ stress very well. 그는 스트레스를 잘 다루지 못한다.
▶ Turn the _____ to open the door. 그 문을 열려면 손잡이를 돌려라.

foreign language 외국어 | *bad language* 나쁜 말
▶ How many foreign _____ do you speak? 너는 몇 개의 외국어를 구사하니?
▶ Don't use bad _____. 나쁜 말을 사용하지 마라.

10

metal [métl]

명 금속
n. a hard, shiny material like iron, gold, or silver

11

oil [ɔil]

명 기름, 석유
n. a liquid that makes machines work; a dark liquid found underground

12

powerful [páuərfəl]

형 강력한, 힘 센, 영향력 있는　　반 **powerless** 힘 없는　명 **power** 힘
a. very strong; able to control other people

13

roll [roul]

동 구르다, 굴리다　명 통, 두루마리
v. to move forward by turning over and over
n. something rolled into the shape of a tube

14

shadow [ʃǽdou]

명 그늘, 어둠, 그림자
n. an area of darkness that is created when something blocks light

15

space [speis]

명 공간, 장소, 우주　　　　　　　　　유 **universe** 우주
n. an empty area; the area beyond Earth where the stars are

16

symbol [símbəl]

명 상징(물), 부호　　　　　　유 **sign** 부호　동 **symbolize** 상징하다
n. something that represents an idea or quality

17

treat [triːt]

동 대하다, 다루다, 대접하다　　　　　명 **treatment** 취급, 대우
v. to behave in a particular way toward someone; to buy something special for someone

18

wing [wiŋ]

명 날개
n. the part of a bird's body that is used to fly

made of metal 금속으로 만들어진
▸ The door is made of _____.
그 문은 금속으로 만들어졌다.

olive oil 올리브 기름
▸ Olive _____ is good for the brain.
올리브 기름은 두뇌에 좋다.

powerful engine 강력한 엔진 | *powerful nation* 영향력 있는 국가
▸ The car has a very _____ engine. 그 자동차는 매우 강력한 엔진을 가지고 있다.
▸ It is a rich and _____ nation. 그것은 부유하고 영향력 있는 국가이다.

roll down 굴러 내려가다 | *a roll of ~* ~ 한 통
▸ The ball _____ down the hill. 공은 언덕을 굴러 내려갔다.
▸ Bring a _____ of toilet paper. 휴지 한 통을 가져다 주라.

in the shadow 그늘에서
▸ The dog is sleeping in the _____.
그 강아지는 그늘에서 잠을 자고 있다.

enough space 충분한 공간 | *space travel* 우주 여행
▸ There is enough _____ behind the car. 차 뒤에 충분한 공간이 있다.
▸ Many people dream of traveling in _____. 많은 사람들이 우주 여행을 꿈꾼다.

symbol of ~ ~의 상징 | *symbol for ~* ~를 나타내는 부호
▸ A national flag is a _____ of a country. 국기는 한 나라의 상징이다.
▸ O is the _____ for oxygen. O는 산소를 나타내는 부호이다.

treat like a child 아이처럼 대하다
▸ My parents still _____ me like a child.
우리 부모님은 나를 여전히 아이처럼 대하신다.

broken wing 부러진 날개
▸ It can't fly because it has a broken _____.
그것은 날개가 부러져서 날지 못한다.

A 다음 영어단어는 우리말로, 우리말은 영어단어로 쓰세요.

1 wing _____
2 space _____
3 powerful _____
4 fact _____
5 handle _____
6 shadow _____
7 already _____
8 treat _____

9 천장 _____
10 금속 _____
11 언어, 말 _____
12 자유 _____
13 상징(물), 부호 _____
14 미친, 정상이 아닌 _____
15 눈이 먼, 장님의 _____
16 기름, 석유 _____

B 다음 주어진 우리말을 참고하여 빈칸에 들어갈 알맞은 단어를 쓰세요.

1 _____ of expression (표현의 자유)
2 made of _____ (금속으로 만들어진)
3 go _____ (눈이 멀다)
4 _____ into water (물 속에 뛰어들다)
5 enough _____ (충분한 공간)
6 _____ nation (영향력 있는 국가)
7 olive _____ (올리브 기름)
8 be _____ about ~ (~에 열광하다)

C 다음 우리말에 맞도록 빈칸에 알맞은 단어를 쓰세요.

1 An ostrich has _____, but it can't fly. 타조는 날개가 있지만 날지 못한다.
2 The piglets are _____ in the mud. 새끼 돼지들이 진흙탕에서 뒹굴고 있다.
3 The Statue of Liberty is a _____ of New York City. 자유의 여신상은 뉴욕의 상징이다.
4 My dog always follows me like a _____. 내 강아지는 나를 그림자처럼 따라다닌다.
5 The book is full of fun _____ about space. 그 책은 우주에 관한 재미난 사실로 가득하다.
6 I'd like to _____ you to lunch. 제가 점심을 대접해 드리고 싶습니다.
7 _____ and water don't mix at all. 기름과 물은 전혀 섞이지 않는다.
8 I'm sure you can _____ it. 나는 네가 그것을 처리할 수 있을 거라고 확신한다.

D 다음의 영영풀이에 알맞은 단어를 고르세요.

1 able to control other people
① powerful ② crazy ③ sour ④ polite

2 to take action to deal with a difficult situation
① complete ② handle ③ serve ④ finish

3 something that represents an idea or quality
① self ② expression ③ symbol ④ shadow

4 the area beyond Earth where the stars are
① ocean ② moon ③ ceiling ④ space

5 to buy something special for someone
① sell ② treat ③ return ④ prepare

6 a system of communication using written or spoken words
① discussion ② sentence ③ language ④ sound

E 다음 영어발음을 듣고 영어단어를 적은 후, 우리말 의미를 쓰세요.

단어	의미		단어	의미
1		10		
2		11		
3		12		
4		13		
5		14		
6		15		
7		16		
8		17		
9		18		

ABC

DAY 16

01

also [ɔ́ːlsou]

부 또한, ~도, 뿐만 아니라 유 too 또한

adv. in addition to something else

02

block [blɑk]

명 사각형 덩어리, 한 구획 동 막다

n. a piece of something hard like wood
v. to stop something from moving

03

chain [tʃein]

명 사슬, 쇠줄, (식당 등의) 체인

n. a series of metal rings joined together; a group of shops managed by the same company

04

cross [krɔːs]

동 건너다, 횡단하다

v. to go from one side of something to the other

05

during [djúəriŋ]

전 ~ 동안, ~ 중에 유 for; while

prep. from the beginning to the end of a period of time

06

fair [fɛər]

형 타당한, 공정한 명 박람회 반 unfair 불공정한 부 fairly 공정하게

a. reasonable, acceptable, and right
n. an event at which people show and sell their products

07

fry [frai]
*fry - fried - fried

동 튀기다, 굽다 참 fries 감자 튀김

v. to cook food in hot oil

08

guard [gɑːrd]

명 경비(요원), 감시 동 지키다, 보호하다

n. someone whose job is to protect people or places
v. to protect people or places

09

jaw [dʒɔː]

명 턱

n. the lower part of your face below your mouth

not only A but also B A뿐만 아니라 B도

▶ He's not only an artist but _____ a scientist.

그는 예술가일 뿐만 아니라 과학자이다.

a block of ice 얼음 한 덩어리 | *block a street* 길을 막다

▶ He is cutting a _____ of ice. 그는 얼음 덩어리를 자르고 있다.

▶ A fallen rock is _____ the street. 떨어진 바위가 길을 막고 있다.

bicycle chain 자전거 사슬 | *hotel chain* 호텔 체인

▶ His bicycle _____ is broken. 그의 자전거 사슬이 고장이 났다.

▶ He owns a big hotel _____ in England. 그는 영국에 큰 호텔 체인을 가지고 있다.

cross the Atlantic 대서양을 건너다

▶ He _____ the Atlantic alone by small boat.

그는 홀로 작은 배를 타고 대서양을 건넜다.

during the day 낮 동안

▶ An owl sleeps _____ the day and hunts at night.

올빼미는 낮 동안 잠을 자고, 밤에는 사냥을 한다.

fair price 타당한 가격 | *book fair* 도서 박람회

▶ What's a _____ price for this? 이것의 타당한 가격은 얼마입니까?

▶ There was a big book _____ in Germany. 독일에서 큰 도서 박람회가 있었다.

fry an onion 양파를 튀기다

▶ _____ the onions for five minutes.

양파를 5분 동안 튀겨라.

guard dog 경비견 | *guard city hall* 시청을 지키다

▶ The _____ dog caught three thieves. 그 경비견이 세 명의 도둑을 잡았다.

▶ They _____ city hall 24 hours a day. 그들은 24시간 동안 시청을 지킨다.

square jaw 사각 턱

▶ He has a strong square _____.

그는 강인한 사각 턱을 가지고 있다.

10

million [míljən]

명 100만

참 millionaire 백만장자

n. the number 1,000,000

11

order [ɔ́ːrdər]

명 명령, 순서, 주문　동 주문하다, 명령하다

n. instructions to do something
v. to ask for food or a drink in a restaurant

12

print [print]

동 인쇄하다, 찍다　명 출판(물), 활자

참 printer 프린터

v. to produce words or pictures on paper
n. printed writings like a book or newspaper

13

rope [roup]

명 밧줄, 줄

n. a very thick string that can be used for tying

14

shake [ʃeik]
*shake - shook - shaken

동 흔들다, 흔들리다

v. to move suddenly from side to side or up and down

15

storm [stɔːrm]

명 폭풍, 폭풍우

참 thunderstorm (천둥을 동반한) 강한 비

n. very bad weather with heavy rain and strong winds

16

system [sístəm]

명 체계, 장치, 제도

n. a group of parts that work together for some purpose

17

trouble [trʌ́bəl]

명 곤란, 문제, 말썽

유 problem 문제

n. problems, worries, or difficulties

18

wise [waiz]

형 지혜로운, 슬기로운, 현명한

명 wisdom 지혜

a. able to make good decisions; sensible

millions of ~ 수백만의 ~

▶ _____ of dollars are needed to help them.
그들을 돕기 위해서는 수백만 달러가 필요하다.

follow an order 명령을 따르다 | *order a meal* 식사를 주문하다

▶ Soldiers must follow _____. 군인들은 명령에 따라야 한다.
▶ Did you _____ a meal? 너는 식사를 주문했니?

print out 출력하다 | *in print* 출판된

▶ Would you _____ out this picture? 이 사진 좀 출력해 주실래요?
▶ The book was in _____ last month. 그 책은 지난 달에 출판되었다.

tie a rope 밧줄을 묶다

▶ Tie a _____ around your waist and jump.
네 허리에 밧줄을 묶고 뛰어 내려라.

shake a bottle 병을 흔들다 | *shake hands* 악수하다

▶ _____ the bottle before you open it. 개봉하기 전에 병을 흔들어라.
▶ Do you _____ hands with your friends? 너는 네 친구들과 악수하니?

strong storm 강력한 폭풍

▶ A strong _____ struck the whole country.
강력한 폭풍이 전국을 강타했다.

solar system 태양계

▶ Earth is the third planet in the solar _____.
지구는 태양계에서 세 번째 행성이다.

have trouble 곤란을 겪다 | *make trouble* 말썽을 피우다

▶ I had _____ finding your house. 네 집을 찾느라 애를 먹었다.
▶ Don't make _____ during class. 수업 시간 중에 말썽을 피우지 마라.

wise decision 지혜로운 결정

▶ You have to make a _____ decision for the future.
미래를 위해 지혜로운 결정을 해야 한다.

A 다음 영어단어는 우리말로, 우리말은 영어단어로 쓰세요.

1 fry _____
2 block _____
3 wise _____
4 also _____
5 order _____
6 chain _____
7 system _____
8 guard _____

9 턱 _____
10 타당한, 공정한, 박람회 _____
11 건너다, 횡단하다 _____
12 ~ 동안, ~ 중에 _____
13 밧줄, 줄 _____
14 폭풍, 폭풍우 _____
15 100만 _____
16 곤란, 문제, 말썽 _____

B 다음 주어진 우리말을 참고하여 빈칸에 들어갈 알맞은 단어를 쓰세요.

1 not only A but _____ B (A뿐만 아니라 B도)
2 solar _____ (태양계)
3 _____ dog (경비견)
4 square _____ (사각 턱)
5 _____ out (출력하다)
6 tie a _____ (밧줄을 묶다)
7 _____ hands (악수하다)
8 have _____ (곤란을 겪다)

C 다음 우리말에 맞도록 빈칸에 알맞은 단어를 쓰세요.

1 Put the pictures in the correct _____. 그림을 올바른 순서대로 놓으세요.

2 This book sold more than a _____ copies. 이 책은 백만 부 이상이 팔렸다.

3 I had to stay in bed _____ the weekend. 나는 주말 동안에 침대에 누워있어야 했다.

4 The _____ destroyed many houses in town. 폭풍우가 도시의 많은 집을 파괴했다.

5 It was _____ of you to sleep enough. 충분히 잠을 잔 네가 현명했다.

6 The library is four _____ away from here. 도서관은 여기서 네 구역 떨어져 있다.

7 Life is not always _____. 인생이 항상 공평한 것은 아니다.

8 He decided to _____ France by bicycle. 그는 자전거로 프랑스를 횡단하기로 결심했다.

D 다음의 영영풀이에 알맞은 단어를 고르세요.

1 a group of parts that work together for some purpose
   ① system   ② language   ③ series   ④ service

2 instructions to do something
   ① sign   ② event   ③ item   ④ order

3 able to make good decisions
   ① peaceful   ② wise   ③ neat   ④ calm

4 to go from one side of something to the other
   ① swim   ② cross   ③ walk   ④ solve

5 reasonable, acceptable, and right
   ① crazy   ② blind   ③ fair   ④ stupid

6 to move suddenly from side to side or up and down
   ① happen   ② allow   ③ shake   ④ dive

E 다음 영어발음을 듣고 영어단어를 적은 후, 우리말 의미를 쓰세요.

	단어	의미		단어	의미
1			10		
2			11		
3			12		
4			13		
5			14		
6			15		
7			16		
8			17		
9			18		

DAY 17

01

asleep [əslíːp]

형 잠이 든, 자고 있는 반 awake 깨어 있는

a. sleeping

02

blow [blou]
*blow - blew - blown

동 불다, (바람이) 불다

v. to push out air from your mouth; to move by the wind

03

chance [tʃæns]

명 기회, 가능성 유 opportunity 기회

n. a time which you can do something; the possibility that something will happen

04

crowd [kraud]

명 군중, 인파, 무리

n. a large number of people in the same place

05

eager [íːgər]

형 간절히 바라는, 열망하는, 열심인 부 eagerly 간절히

a. very excited about something that is going to happen

06

false [fɔːls]

형 틀린, 거짓의, 가짜의 반 true 진실한, 사실인

a. based on incorrect information; not true; not real

07

furniture [fə́ːrnitʃər]

명 가구

n. large objects like chairs, tables, and cabinets

08

heat [hiːt]

명 열(기), 더위 동 데우다 반 cold 냉기, 추위

n. warmth or the quality of being hot
v. to make something warm or hot

09

leave [liːv]
*leave - left - left

동 출발하다, 떠나다, 남기다 유 depart 출발하다 반 arrive 도착하다

v. to go away from a place

fall asleep 잠이 들다
▸ My father fell _____ while watching TV.
우리 아빠는 TV를 보다가 잠이 드셨다.

blow a bubble 비눗방울을 불다
▸ Kids like to _____ bubbles.
아이들은 비눗방울을 부는 것을 좋아한다.

last chance 마지막 기회 | *little chance* 적은 가능성
▸ This is your last _____ to speak. 이것이 네가 말할 수 있는 마지막 기회이다.
▸ There is little _____ of winning. 이길 가능성이 거의 없다.

in the crowd 군중 속에서
▸ She couldn't find her daughter in the _____.
그녀는 군중 속에서 딸을 찾을 수 없었다.

be eager to ~ ~를 간절히 바라다
▸ She is _____ to become a singer.
그녀는 가수가 되기를 간절히 바란다.

false information 틀린 정보 | *false teeth* 의치 (가짜 이빨)
▸ He gave me some _____ information. 그는 나에게 틀린 정보를 주었다.
▸ My grandmother has _____ teeth. 우리 할머니는 의치를 사용하신다.

a piece of furniture 가구 한 점
▸ They are moving a piece of _____.
그들은 가구 한 점을 옮기고 있다.

afternoon heat 한낮의 열기 | *heat water* 물을 데우다
▸ The shower cooled the afternoon _____. 소나기가 한낮의 열기를 식혀 주었다.
▸ _____ the water until it boils. 물이 끓을 때까지 데워라.

leave for ~ ~로 출발하다
▸ The train _____ for Busan at 6 o'clock.
그 기차는 6시에 부산으로 출발한다.

10 mind [maind]

명 생각, 마음 동 상관하다, 꺼리다
n. the part of you that thinks, knows, and feels
v. to feel angry or upset about something

11 partner [pá:rtnər]

명 파트너, 상대, 동반자
n. someone whom you do a particular activity with

12 prison [prízn]

명 감옥, 교도소
n. a building where people are kept as punishment

13 rub [rʌb]
*rub - rubbed - rubbed

동 비비다, 문지르다
v. to move your hands or an object over a surface

14 shape [ʃeip]

명 모양, 형태, 상태
n. the form something has such as round or square; the condition of something

15 sport [spɔ:rt]

명 경기, 스포츠, 운동
n. an activity in which people compete against each other

16 tail [teil]

명 꼬리
n. the part that sticks out at the end of an animal

17 university
[jùːnivə́:rsəti]

명 (종합)대학   참 college (단과)대학
n. an educational institution where students study for degrees

18 wooden [wúdn]

형 나무로 된, 목재의   명 wood 나무, 목재
a. made of wood

106

change one's mind 생각을 바꾸다 | *don't mind* 상관하지 않다

▸ Did you change your _____ ? 너는 생각을 바꾸었니?

▸ I don't _____ where we go. 나는 우리가 어디에 가든지 상관하지 않는다.

dance partner 무도회 파트너 | *business partner* 사업 동반자

▸ Would you be my dance _____ ? 제 무도회 파트너가 되어 주시겠어요?

▸ He met his new business _____ . 그는 새로운 사업 동반자를 만났다.

in prison 감옥에 갇힌

▸ The thief was in _____ for five years.

그 도둑은 감옥에 5년 동안 갇혀 있었다.

rub one's eye 눈을 비비다

▸ Don't _____ your eyes with dirty hands.

더러운 손으로 눈을 비비지 마라.

square shape 정사각형 모양 | *in good shape* 건강 상태가 좋은

▸ A die has a square _____ . 주사위는 정사각형 모양이다.

▸ He is in good _____ for his age. 그는 나이에 비해 건강 상태가 좋다.

team sport 팀 경기

▸ Football is the most popular team _____ in the USA.

미식축구는 미국에서 가장 대중적인 팀 경기이다.

wag one's tail 꼬리를 흔들다

▸ The dog welcomed us by wagging its _____ .

그 개는 꼬리를 흔들면서 우리를 반겨주었다.

university student 대학생

▸ Both of them are _____ students.

그들 둘 다 대학생이다.

wooden bridge 나무다리

▸ They crossed the river over a _____ bridge.

그들은 나무다리 위로 강을 건넜다.

A 다음 영어단어는 우리말로, 우리말은 영어단어로 쓰세요.

1 chance _____
2 crowd _____
3 mind _____
4 rub _____
5 tail _____
6 false _____
7 eager _____
8 asleep _____

9 가구 _____
10 (종합)대학 _____
11 출발하다, 떠나다, 남기다 _____
12 모양, 형태, 상태 _____
13 불다, (바람이) 불다 _____
14 파트너, 상대, 동반자 _____
15 나무로 된, 목재의 _____
16 감옥, 교도소 _____

B 다음 주어진 우리말을 참고하여 빈칸에 들어갈 알맞은 단어를 쓰세요.

1 _____ information (틀린 정보)
2 a piece of _____ (가구 한 점)
3 _____ water (물을 데우다)
4 in _____ (감옥에 갇힌)
5 _____ one's eye (눈을 비비다)
6 in good _____ (건강 상태가 좋은)
7 wag one's _____ (꼬리를 흔든다)
8 _____ student (대학생)

C 다음 우리말에 맞도록 빈칸에 알맞은 단어를 쓰세요.

1 Tom is _____ to learn everything. 톰은 모든 것을 배우는 데 열심이다.

2 Do you _____ if I open the window? 제가 창문을 열어도 될까요?

3 It's hard to fall _____ in summer. 여름에는 잠들기가 어렵다.

4 Hurry up! Your plane _____ in five minutes. 서둘러라! 네 비행기가 5분 후에 떠난다.

5 Let's _____ up some balloons for the party. 파티를 위해 풍선을 불자.

6 The _____ gathered to see the actor. 군중들이 그 배우를 보기 위해서 모여 들었다.

7 I'm not interested in _____ at all. 나는 스포츠에 전혀 관심이 없다.

8 Please give me a _____ to explain it. 저에게 그것을 해명할 기회를 주세요.

D 다음의 영영풀이에 알맞은 단어를 고르세요.

1   the possibility that something will happen
    ① hope   ② dream   ③ event   ④ chance

2   very excited about something that is going to happen
    ① false   ② eager   ③ principal   ④ simple

3   the part of you that thinks, knows, and feels
    ① mind   ② hand   ③ body   ④ tail

4   a building where people are kept as punishment
    ① hall   ② prison   ③ library   ④ bank

5   to go away from a place
    ① stay   ② arrive   ③ start   ④ leave

6   to move your hands or an object over a surface
    ① put   ② set   ③ rub   ④ cross

E 다음 영어발음을 듣고 영어단어를 적은 후, 우리말 의미를 쓰세요.

단어	의미		단어	의미
1		10		
2		11		
3		12		
4		13		
5		14		
6		15		
7		16		
8		17		
9		18		

ABC

01

author [ɔ́:θər]

🅜 작가, 저자   🅤 writer

n. someone who writes books

02

boil [bɔil]

🅥 끓다, 끓이다, 삶다   🅟 fry 튀기다; roast 굽다

v. to change from a liquid to a gas; to cook something in boiling water

03

chart [tʃɑːrt]

🅜 도표, 차트

n. a list, drawing, or graph showing information

04

crown [kraun]

🅜 왕관

n. a circular thing that a king or queen wears on his or her head

05

earn [əːrn]

🅥 돈을 벌다, 받다, 얻다   🅤 gain 얻다

v. to receive money for work you do

06

fashion [fǽʃən]

🅜 유행, 인기, 패션   🅗 fashionable 유행하는

n. something that is popular at a particular time

07

gallery [gǽləri]

🅜 미술관, 화랑   🅤 museum 미술관

n. a building where people can see famous pieces of art

08

history [hístəri]

🅜 역사, 역사학   🅗 historical 역사적인

n. everything that happened in the past; the study of past events

09

lend [lend]
*lend - lent - lent

🅥 빌려주다   🅑 borrow 빌리다

v. to give someone something for a short time

great author 위대한 작가

▶ J.K. Rowling is one of the world's great _____.

조앤 롤링은 세계의 위대한 작가 중 한 사람이다.

boil at ~ ~에서 끓다 | *boil rice* 쌀을 끓이다

▶ Clean water _____ at 100 degree Celsius. 깨끗한 물은 100℃에서 끓는다.

▶ _____ the rice for 20 minutes. 쌀을 20분 동안 끓여라.

make a chart 표를 만들다 | *weather chart* 기상도

▶ Why don't you make a _____ of your scores? 네 점수를 표로 만드는 게 어때?

▶ Let's check the weather _____. 기상도를 살펴보자.

golden crown 금관

▶ This golden _____ was made almost one thousand years ago.

이 금관은 거의 천 년 전에 만들어졌다.

earn money 돈을 벌다 | *earn one's living* 생계를 유지하다

▶ You have to work to _____ money. 돈을 벌기 위해서는 일을 해야 한다.

▶ She _____ her living as a nurse. 그녀는 간호사로 생계를 유지한다.

go out of fashion 유행이 지나다

▶ This style of shirt went out of _____.

이런 스타일의 셔츠는 유행이 지났다.

National Gallery 국립 미술관

▶ Have you ever been to the National _____?

국립 미술관에 가 본 적이 있니?

Korean history 한국사

▶ There have been many wars in Korean _____.

한국사에는 많은 전쟁이 있었다.

lend a book 책을 빌려주다

▶ I will _____ a book to Dave.

나는 데이브에게 책을 한 권 빌려줄 것이다.

10 mistake [mistéik]

명 실수, 잘못, 오류   유 error

n. something that has been done the wrong way

11 package [pǽkidʒ]

명 소포   유 parcel

n. something wrapped in paper and sent to someone

12 prize [praiz]

명 상, 상품, 경품

n. something given to the winner of a competition

13 rude [ru:d]

형 무례한, 버릇 없는   유 impolite   반 polite 예의 바른

a. behaving in a way that is not polite

14 share [ʃɛər]

동 함께 쓰다, 공유하다, 나누다   유 divide 나누다

v. to use something with other people

15 stage [steidʒ]

명 단계, 시기, 무대   유 step 단계

n. a particular part of a process of events; the place where actors perform

16 tear [tɛəːr]
*tear - tore - torn

동 찢다, 뜯다   명 눈물 [tiər]   유 rip 찢다, 뜯다

v. to pull something so that it separates into pieces
n. a liquid that comes from your eye

17 tube [tju:b]

명 튜브, 관   유 pipe

n. a long, narrow container; a round pipe made of metal, glass, or rubber

18 worse [wəːrs]

형 더 못한, 더 악화된   반 better 더 좋은, 더 나은

a. not as good as something else or as before

make a mistake 실수하다 | *spelling mistake* 철자 오류

▶ Everyone can make _____ sometimes. 누구나 때때로 실수를 할 수 있다.

▶ Her report is full of spelling _____. 그녀의 보고서는 철자 오류 투성이다.

send a package 소포를 보내다

▶ I'd like to send the _____ by airmail.
그 소포를 항공 우편으로 보내고 싶습니다.

win a prize 상을 타다

▶ Each team did its best to win a _____.
각 팀은 상을 타기 위해 최선을 다했다.

rude manner 무례한 태도

▶ I was angry because of his _____ manner.
나는 그의 무례한 행동에 화가 났다.

share a room 방을 함께 쓰다

▶ I'm _____ a room with my sister.
나는 여동생과 방을 함께 쓴다.

planning stage 계획 단계 | *on stage* 무대에서

▶ The film is still in the planning _____. 그 영화는 여전히 계획 단계에 있다.

▶ Everyone can be nervous on _____. 누구나 무대 위에서 긴장이 될 수 있다.

tear paper 종이를 찢다 | *in tears* 눈물을 흘리며

▶ Be careful not to _____ the paper. 종이를 찢지 않도록 조심해라.

▶ We were all in _____. 우리는 모두 눈물을 흘렸다.

a tube of toothpaste 치약 한 통

▶ I forgot to bring a _____ of toothpaste.
나는 치약을 가져오는 것을 잊었다.

worse than ~ ~보다 못한

▶ The book is _____ than we imagined.
그 책은 우리가 상상한 것보다 못했다.

A 다음 영어단어는 우리말로, 우리말은 영어단어로 쓰세요.

1	fashion	_____	9	돈을 벌다, 받다, 얻다 _____
2	worse	_____	10	미술관, 화랑 _____
3	lend	_____	11	실수, 잘못, 오류 _____
4	prize	_____	12	왕관 _____
5	tear	_____	13	단계, 시기, 무대 _____
6	boil	_____	14	역사, 역사학 _____
7	author	_____	15	소포 _____
8	chart	_____	16	무례한, 버릇 없는 _____

B 다음 주어진 우리말을 참고하여 빈칸에 들어갈 알맞은 단어를 쓰세요.

1 planning _____ (계획 단계)

2 _____ one's living (생계를 유지하다)

3 a _____ of toothpaste (치약 한 통)

4 go out of _____ (유행이 지나다)

5 _____ a room (방을 함께 쓰다)

6 _____ than ~ (~보다 못한)

7 in _____ (눈물을 흘리며)

8 win a _____ (상을 타다)

C 다음 우리말에 맞도록 빈칸에 알맞은 단어를 쓰세요.

1 It's foolish of you to make the same _____. 같은 실수를 하다니 너는 어리석구나.

2 Would you mind _____ your umbrella? 당신의 우산을 같이 써도 될까요?

3 Why are you so _____ to your brother? 네 형에게 왜 그렇게 무례하니?

4 Could you _____ me some money? 돈 좀 빌려주실래요?

5 How long does it take to _____ an egg? 달걀을 삶는 데 시간이 얼마나 걸리니?

6 Everyone, look at the _____ on page 12. 여러분, 12쪽에 있는 도표를 보세요.

7 Don't make matters _____ than before. 문제를 전보다 더 악화시키지 마라.

8 I learned the _____ of the Olympics today. 나는 오늘 올림픽의 역사에 대해 배웠다.

D 다음의 영영풀이에 알맞은 단어를 고르세요.

1 to cook something in boiling water
① bake　　　② roast　　　③ fry　　　④ boil

2 everything that happened in the past
① history　　　② accident　　　③ secret　　　④ science

3 behaving in a way that is not polite
① asleep　　　② rude　　　③ eager　　　④ fair

4 to receive money for work you do
① pay　　　② spend　　　③ earn　　　④ return

5 to use something with other people
① lend　　　② imagine　　　③ share　　　④ exchange

6 something that has been done the wrong way
① stage　　　② false　　　③ fool　　　④ mistake

E 다음 영어발음을 듣고 영어단어를 적은 후, 우리말 의미를 쓰세요.

단어	의미		단어	의미
1		10		
2		11		
3		12		
4		13		
5		14		
6		15		
7		16		
8		17		
9		18		

ABC

01

area [ɛ́əriə]

명 지역, 구역, 분야
n. a place; a field of study

02

bone [boun]

명 뼈 　　　　　　　　　　　　 참 skin 피부
n. the hard parts inside an animal's body

03

choice [tʃɔis]

명 선택, 선택권 　　　　 유 option　동 choose 선택하다
n. the right to choose between different things

04

cruel [krú:əl]

형 잔인한, 잔혹한
a. making someone suffer or feel unhappy

05

either [íːðər]

형 대 (둘 중) 어느 하나(의), 각각(의)　부 (부정문) ~도 또한
a. | *pron.* one or the other of two things or people
adv. used in negative sentence to say there is a similarity

06

female [fíːmeil]

명 여성, 암컷　형 여성의, 암컷의 　　　　반 male 남성(의), 수컷(의)
n. an animal that can have babies
a. belonging to the sex that can have babies

07

forgive [fərgív]
*forgive - forgave - forgiven

동 용서하다 　　　　　　　　　　　　 유 excuse
v. to stop being angry with someone who has done wrong

08

hole [houl]

명 구멍, 구덩이
n. an empty space in something solid

09

ladder [lǽdər]

명 사다리
n. a device for reaching high places

desert area 사막지역 | *various areas* 다양한 분야

▸ Yellow dust comes from a desert _____ in China. 황사는 중국의 사막지역에서 온다.

▸ He has an interest in various _____. 그는 다양한 분야에 관심을 가지고 있다.

break a bone 뼈가 부러지다

▸ He fell from the tree and broke a _____.

그는 나무에서 떨어져서 뼈가 부러졌다.

make a good choice 선택을 잘하다 | *have a choice* 선택권이 있다

▸ You need to make a good _____. 너는 선택을 잘해야 한다.

▸ We didn't have a _____. 우리는 선택권이 없었다.

cruel sport 잔인한 스포츠

▸ I think bullfighting is a _____ sport.

나는 투우는 잔인한 스포츠라고 생각한다.

either hand 어느 손 | *either of the two* 둘 중 어느 것

▸ He can draw pictures with _____ hand. 그는 어느 손으로나 그림을 그릴 수 있다.

▸ You can use _____ of the two computers. 두 컴퓨터 중 어느 것을 사용해도 된다.

female president 여성 대통령

▸ She was the first _____ president.

그녀는 최초의 여성 대통령이었다.

forgive myself 내 자신을 용서하다

▸ I could never _____ myself.

나는 절대 내 자신을 용서하지 못할 것이다.

dig a hole 구멍을 파다

▸ The dog began to dig a _____ for its bone.

그 개는 뼈다귀를 숨기려고 구멍을 파기 시작했다.

climb up a ladder 사다리를 타다

▸ He climbed up the _____ to the roof.

그는 사다리를 타고 지붕으로 올라갔다.

10

mix [miks]

동 섞다, 섞이다   명 **mixture** 혼합물

v. to combine two or more things

11

pain [pein]

명 통증, 아픔, 고통   유 ache   형 **painful** 아픈, 고통스러운

n. the feeling you have when a part of your body hurts

12

produce [prədʒúːs]

동 생산하다, 만들다, (영화 등을) 제작하다   명 **production** 생산

v. to make something to be sold and used

13

rubber [rʌ́bər]

명 고무

n. a thing used to make tires, boots, and gloves

14

sentence [séntəns]

명 문장, 형벌, 선고

n. a group of words with a subject and a verb; a punishment given by a judge

15

stamp [stæmp]

명 우표, 도장

n. a small piece of paper that you put on an envelope

16

taste [teist]

명 맛   동 맛이 나다, 맛을 보다   형 **tasty** 맛있는

n. the flavor that something creates in your mouth
v. to have a particular flavor

17

tune [tjuːn]

명 곡, 곡조, 선율   동 조율하다

n. a song or piece of music
v. to make a musical instrument sound right

18

wild [waild]

형 야생의

a. living in nature without any control by people

mix red and blue 빨간색과 파란색을 섞다
▶ If you _____ red and blue, you get purple.
　빨간색과 파란색을 섞으면 보라색이 된다.

feel pain 통증을 느끼다
▶ I felt some _____ in my left shoulder.
　나는 왼쪽 어깨에 통증을 느꼈다.

produce salt 소금을 생산하다 | *produce a film* 영화를 제작하다
▶ People _____ salt from the sea. 사람들은 바다에서 소금을 생산한다.
▶ You need a lot of money to _____ a film. 영화를 제작하는 일은 돈이 많이 든다.

rubber gloves 고무장갑
▶ Wear _____ gloves when you wash the dishes.
　설거지를 할 때 고무장갑을 껴라.

in one sentence 한 문장으로 | *prison sentence* 징역형
▶ Express your feelings in one _____. 네 기분을 한 문장으로 표현해 보아라.
▶ He received a prison _____. 그는 징역형을 받았다.

collect stamps 우표를 수집하다
▶ He started collecting _____ at the age of 10.
　그는 10살 때 우표 수집을 시작했다.

spicy taste 매운 맛 | *taste better* 더 좋은 맛이 나다
▶ Koreans are crazy about spicy _____. 한국 사람들은 매운 맛에 열광한다.
▶ It _____ better than it looks. 그것은 보기보다 더 좋은 맛이 난다.

easy tune 쉬운 곡 | *tune one's violin* 바이올린을 조율하다
▶ It is an easy _____ to remember. 그것은 기억하기 쉬운 곡이다.
▶ She _____ her violin before a concert. 그녀는 연주회 전에 바이올린을 조율한다.

wild animal 야생동물
▶ Dogs were _____ animals like wolves.
　개도 늑대처럼 야생동물이었다.

A 다음 영어단어는 우리말로, 우리말은 영어단어로 쓰세요.

1 cruel _____
2 bone _____
3 sentence _____
4 taste _____
5 area _____
6 female _____
7 rubber _____
8 tune _____

9 통증, 아픔, 고통 _____
10 용서하다 _____
11 섞다, 섞이다 _____
12 야생의 _____
13 구멍, 구덩이 _____
14 우표, 도장 _____
15 사다리 _____
16 선택, 선택권 _____

B 다음 주어진 우리말을 참고하여 빈칸에 들어갈 알맞은 단어를 쓰세요.

1 _____ one's violin (바이올린을 조율하다)
2 break a _____ (뼈가 부러지다)
3 _____ a film (영화를 제작하다)
4 feel _____ (통증을 느끼다)
5 collect _____ (우표를 수집하다)
6 in one _____ (한 문장으로)
7 dig a _____ (구멍을 파다)
8 climb up a _____ (사다리를 타다)

C 다음 우리말에 맞도록 빈칸에 알맞은 단어를 쓰세요.

1 _____ me for keeping you waiting. 당신을 기다리게 한 것을 용서해 주세요.

2 You can _____ all kinds of sweet foods. 너는 모든 종류의 단 음식의 맛을 볼 수 있다.

3 Ⓐ I don't know his name. Ⓑ I don't _____. 나는 그의 이름을 모른다. 나도 그래.

4 Don't smoke in the nonsmoking _____. 금연구역에서 담배를 피우지 마라.

5 In the _____, they can live up to 30 years. 야생에서 그것들은 30년 정도 살 수 있다.

6 _____ the flour with the eggs and butter. 밀가루에 달걀과 버터를 섞어라.

7 I had no _____ but to stay behind. 나는 뒤에 남을 수 밖에 없었다.

8 Nero was a very _____ emperor in history. 역사상 네로는 매우 잔혹한 황제였다.

D 다음의 영영풀이에 알맞은 단어를 고르세요.

1 living in nature without any control by people
   ① grand   ② wild   ③ suit   ④ common

2 the feeling you have when a part of your body hurts
   ① disease   ② pain   ③ tear   ④ health

3 making someone suffer or feel unhappy
   ① nervous   ② extra   ③ cruel   ④ crazy

4 the right to choose between different things
   ① choice   ② interest   ③ tool   ④ chart

5 to stop being angry with someone who has done wrong
   ① lend   ② handle   ③ forgive   ④ happen

6 to make something to be sold and used
   ① earn   ② change   ③ found   ④ produce

E 다음 영어발음을 듣고 영어단어를 적은 후, 우리말 의미를 쓰세요.

	단어	의미			단어	의미
1				10		
2				11		
3				12		
4				13		
5				14		
6				15		
7				16		
8				17		
9				18		

01
band [bænd]
명 악단, 밴드, 끈
n. a musical group; a thin, flat strip of thing for binding

02
borrow [báːrou]
동 빌리다   반 lend 빌려주다
v. to use something that belongs to another person

03
cinema [sínəmə]
명 영화관, 극장   유 movie theater
n. a place where you go to watch a film

04
curious [kjúəriəs]
형 궁금한, 호기심이 많은   명 curiosity 호기심
a. wanting to know about something

05
elbow [élbou]
명 팔꿈치
n. the joint where your arm bends

06
fence [fens]
명 담, 울타리
n. a manmade wall that is around some land

07
gas [gæs]
명 기체, 가스, 휘발유   참 gasoline = gas 휘발유
n. a substance such as air; a gas burned as fuel; a liquid used as fuel

08
horizon [həráizən]
명 수평선, 지평선   형 horizontal 수평(선)의
n. the line where the sky seems to meet the earth

09
loose [luːs]
형 느슨한, 풀린, 헐렁한   반 tight 꽉 조이는, 단단한
a. not firmly fixed in place; big and not fitting your body

form a band 악단을 결성하다 | **rubber band** 고무 끈

▶ He formed a _____ with his friends. 그는 친구들과 함께 악단을 결성했다.

▶ She tied her hair with a rubber _____. 그녀는 고무 끈으로 머리를 묶었다.

borrow a camera 카메라를 빌리다

▶ I _____ a camera from Mark.

나는 마크한테서 카메라를 빌렸다.

go to the cinema 영화를 보러 가다

▶ My family goes to the _____ twice a month.

우리 가족은 한 달에 두 번 영화를 보러 간다.

be curious about ~ ~에 대해 궁금해하다

▶ Most children are _____ about dinosaurs.

대부분의 아이들은 공룡에 대해 궁금해한다.

hurt one's elbow 팔꿈치를 다치다

▶ Bill fell over and hurt his _____ yesterday.

빌은 어제 넘어져서 팔꿈치를 다쳤다.

build a fence 담을 쌓다

▶ He built a _____ with bricks.

그는 벽돌로 담을 쌓았다.

turn into gas 기체로 변하다 | **gas station** 주유소

▶ When water boils, it turns into _____. 물이 끓으면, 기체로 변한다.

▶ Let's stop at the next _____ station. 다음 번 주유소에 들르자.

on the horizon 수평선에 | **above the horizon** 지평선 위로

▶ I could see a ship on the _____. 수평선에 배 한 척이 보였다.

▶ The moon is rising above the _____. 달이 지평선 위로 뜨고 있다.

become loose 느슨해지다

▶ Your shoelace became _____.

너의 신발끈이 느슨해졌다.

10 mud [mʌd]

명 진흙, 진흙탕   유 clay

n. wet and sticky soil

11 palace [pǽlis]

명 궁전   유 castle

n. a building that a royal family lives in

12 proud [praud]

형 자랑스러워하는, 자랑스러운   명 pride 자부심

a. feeling happy about something good that has happened

13 rule [ru:l]

명 규칙   동 다스리다, 통치하다   유 law 법

n. instructions that tell you how to act
v. to control or govern an area

14 shell [ʃel]

명 껍데기, 껍질   참 seashell 조개껍데기

n. the hard, protective outer part of a body

15 state [steit]

명 (미국의) 주, 국가, 상태   유 country 국가; condition 상태

n. an area in a country; a physical or mental condition

16 tease [ti:z]

동 놀리다, 괴롭히다

v. to make fun of someone

17 type [taip]

명 형(태), 유형, 종류   동 타자를 치다   유 kind; style

n. a group of people or things that have similar qualities
v. to write something on a computer

18 wrap [ræp]
*wrap - wrapped - wrapped

동 포장하다, 싸다

v. to cover something with paper or cloth

covered in mud 진흙으로 뒤덮인
▶ Take off the boots covered in _____.
진흙으로 뒤덮인 부츠를 벗어라.

wonderful palace 멋진 궁전
▶ It's the most wonderful _____ I've ever seen.
그것은 내가 본 궁전 중 가장 멋진 궁전이다.

be proud of ~ ~를 자랑스러워하다
▶ Your parents will be very _____ of you.
너의 부모님은 너를 매우 자랑스러워할 것이다.

break a rule 규칙을 어기다 | *rule one's people* 백성들을 다스리다
▶ If you break a _____, you'll be punished. 규칙을 어기면 처벌을 받을 것이다.
▶ The king _____ his people wisely. 그 왕은 백성을 현명하게 다스렸다.

hard shell 딱딱한 껍데기
▶ Snails live inside their hard _____.
달팽이는 딱딱한 껍데기 안에서 산다.

the United States 미국 | *bad state* 나쁜 상태
▶ The United _____ is a powerful country. 미국은 영향력 있는 국가이다.
▶ Their house was in a bad _____. 그들의 집은 상태가 좋지 않았다.

tease one's brother 남동생을 놀리다
▶ She always _____ her brother.
그녀는 항상 남동생을 놀린다.

blood type 혈액형 | *type again* 타자를 다시 치다
▶ What is your blood _____? 너의 혈액형은 무엇이니?
▶ Your report needs to be _____ again. 네 보고서는 타자를 다시 쳐야 한다.

wrap a present 선물을 포장하다 | *wrap up* 끝내다
▶ He _____ the present in golden paper. 그는 금박 종이로 선물을 포장했다.
▶ It's time to _____ up the class. 수업을 끝낼 시간이다.

A 다음 영어단어는 우리말로, 우리말은 영어단어로 쓰세요.

1	proud	_____	9	포장하다, 싸다	_____
2	cinema	_____	10	수평선, 지평선	_____
3	state	_____	11	놀리다, 괴롭히다	_____
4	type	_____	12	기체, 가스, 휘발유	_____
5	loose	_____	13	껍데기, 껍질	_____
6	elbow	_____	14	진흙, 진흙탕	_____
7	palace	_____	15	빌리다	_____
8	rule	_____	16	담, 울타리	_____

B 다음 주어진 우리말을 참고하여 빈칸에 들어갈 알맞은 단어를 쓰세요.

1 be _____ about ~ (~에 대해 궁금해하다)

2 covered in _____ (진흙으로 뒤덮인)

3 hurt one's _____ (팔꿈치를 다치다)

4 _____ a present (선물을 포장하다)

5 build a _____ (담을 쌓다)

6 form a _____ (악단을 결성하다)

7 above the _____ (지평선 위로)

8 _____ one's people (백성들을 다스리다)

C 다음 우리말에 맞도록 빈칸에 알맞은 단어를 쓰세요.

1 I often forget to turn off the _____ stove. 나는 가끔 가스레인지 끄는 것을 잊는다.

2 I'm _____ about learning a foreign language. 나는 외국어를 배우는 데 호기심이 많다.

3 Don't be upset. He was only _____ you. 속상해하지 마, 그는 너를 그냥 놀린 것뿐이야.

4 The _____ of California is famous for Hollywood. 캘리포니아 주는 할리우드로 유명하다.

5 My mother's hat is too _____ for me. 우리 엄마 모자는 내게 너무 헐렁하다.

6 I feel _____ to be a member of the team. 나는 그 팀의 일원이 된 것이 자랑스럽다.

7 Can I _____ your eraser for a minute? 네 지우개를 잠깐 빌릴 수 있을까?

8 What _____ of movies do you like? 너는 어떤 종류의 영화를 좋아하니?

D 다음의 영영풀이에 알맞은 단어를 고르세요.

1 feeling happy about something good that has happened
  ① brave   ② fair   ③ proud   ④ complete

2 wanting to know about something
  ① lazy   ② curious   ③ smart   ④ sharp

3 to make fun of someone
  ① scream   ② tease   ③ scold   ④ tear

4 the line where the sky seems to meet the earth
  ① string   ② band   ③ rope   ④ horizon

5 to use something that belongs to another person
  ① borrow   ② lend   ③ take   ④ bring

6 instructions that tell you how to act
  ① language   ② reason   ③ rule   ④ order

E 다음 영어발음을 듣고 영어단어를 적은 후, 우리말 의미를 쓰세요.

	단어	의미		단어	의미
1			10		
2			11		
3			12		
4			13		
5			14		
6			15		
7			16		
8			17		
9			18		

01 bake [beik]

통 (빵 등을) 굽다   참 bakery 빵집; baker 제빵사

v. to cook food in an oven

02 boss [bɔ(:)s]

명 사장, 상사, 상관   유 chief

n. the person who is in charge at work

03 clever [klévər]

형 영리한, 똑똑한   유 smart; bright

a. good at learning or understanding things

04 custom [kʌ́stəm]

명 관습, 풍습   참 customs 관세

n. something done by people for a long time

05 else [els]

부 (그 밖의) 다른, 그 밖에

adv. besides or in addition to someone or something

06 festival [féstəvəl]

명 축제

n. an event held to celebrate something

07 gather [gǽðər]

통 모으다, 모이다   유 collect 모으다

v. to come together and to form a group

08 host [houst]

명 (파티 등의) 주인, 주최자   참 hostess 여주인

n. someone who invites people to a meal or party

09 lie [lai]
*lie - lay - lain
*lie - lied - lied

통 눕다, 거짓말하다   명 거짓말   참 liar 거짓말쟁이

v. to be in a flat position; to say something that is not true
n. something that is not true

bake a cake 케이크를 굽다

▶ My mother is _____ a cake for my birthday.

엄마는 내 생일을 위해 케이크를 굽고 계신다.

new boss 새로운 사장

▶ The new _____ at the company is very smart.

그 회사의 새로운 사장은 매우 똑똑하다.

clever child 영리한 아이

▶ I've never seen such a _____ child.

나는 그렇게 영리한 아이를 본 적이 없다.

different customs 다른 관습 | *old custom* 오래된 풍습

▶ They all have different _____. 그들은 모두 다른 관습을 가지고 있다.

▶ It's an old _____ in this area. 그것은 이 지역에서 오래된 풍습이다.

what else 그 밖에 무엇

▶ What _____ do you know about her?

너는 그녀에 대해 그 밖에 무엇을 더 알고 있니?

hold a festival 축제를 열다

▶ My school holds a _____ in fall every year.

우리 학교는 매년 가을에 축제를 연다.

gather information 정보를 모으다

▶ We should _____ information first.

우리는 먼저 정보를 모아야 한다.

the host of a party 파티의 주인 | *host country* 주최국

▶ He's the _____ of the party tonight. 그가 오늘 밤 파티의 주인이다.

▶ Brazil is the _____ country for the next Olympics. 브라질은 다음 올림픽 주최국이다.

lie in bed 침대에 눕다 | *lie about ~* ~에 대해 거짓말하다

▶ _____ in bed and get some rest. 침대에 누워서 쉬어라.

▶ He _____ about his age. 그는 그의 나이에 대해 거짓말했다.

129

10

medicine [médisən]

명 약, 의학　　　　　　　형 medical 의학의

n. a substance used to treat sickness; the study of sickness

11

pardon [pá:rdn]

동 용서하다　　감 뭐라고요　　유 forgive 용서하다

v. to forgive someone for doing something bad
int. used for asking someone to repeat something

12

project [prádʒekt]

명 기획, 계획, 과제　　　　　유 plan 계획

n. a planned piece of work that has an aim

13

safe [seif]

형 안전한　　　　　명 safety 안전　반 dangerous 위험한

a. not likely to cause damage, injury, or harm

14

shine [ʃain]
*shine - shone - shone

동 빛나다, 반짝이다　　　　형 shiny 빛나는

v. to produce bright light

15

step [step]

명 (발)걸음, 단계　　　　　유 stage 단계

n. the act of putting one foot in front of the other; one of the stages in a process

16

teenage [tí:nèidʒ]

형 십대의　　　　　명 teenager 십대 청소년

a. aged between 13 and 19

17

uniform [jú:nəfɔːrm]

명 제복, 유니폼

n. clothing that everyone in a group wears

18

wrist [rist]

명 손목

n. the part of your body between your hand and your arm

take medicine 약을 먹다

▶ Take this ＿＿＿＿＿＿＿ three times a day.

이 약을 하루에 세 번 먹어라.

pardon one's mistake 실수를 용서하다

▶ Please ＿＿＿＿＿＿＿ my mistake.

제 실수를 용서해 주세요.

new project 새로운 기획 | *history project* 역사 과제

▶ Have you already started a new ＿＿＿＿＿＿＿? 벌써 새로운 기획을 시작했니?

▶ I have a lot of history ＿＿＿＿＿＿＿. 나는 역사 과제가 아주 많다.

safe place 안전한 장소

▶ Keep your money in a ＿＿＿＿＿＿＿ place.

돈을 안전한 장소에 두어라.

shine brightly 밝게 빛나다

▶ Venus ＿＿＿＿＿＿＿ brightly in the very early morning.

금성은 매우 이른 아침에 밝게 빛난다.

take one step 한 걸음 내딛다 | *next step* 다음 단계

▶ The baby took one ＿＿＿＿＿＿＿ and fell. 그 아기는 한 걸음 내딛고 넘어졌다.

▶ The next ＿＿＿＿＿＿＿ is to mix them together. 다음 단계는 그것들을 함께 섞는 것이다.

teenage girl 십대 소녀

▶ This magazine is made for ＿＿＿＿＿＿＿ girls.

이 잡지는 십대 소녀들을 위해 만들어졌다.

police uniform 경찰 제복 | *school uniform* 교복

▶ He looks good in a police ＿＿＿＿＿＿＿. 그에게 경찰 제복이 잘 어울린다.

▶ Do you have to wear a school ＿＿＿＿＿＿＿? 너는 교복을 입어야 하니?

twist one's wrist 손목을 삐다

▶ I twisted my ＿＿＿＿＿＿＿ yesterday.

나는 어제 손목을 삐었다.

131

A 다음 영어단어는 우리말로, 우리말은 영어단어로 쓰세요.

1 clever _____
2 lie _____
3 step _____
4 boss _____
5 bake _____
6 wrist _____
7 safe _____
8 else _____

9 제복, 유니폼 _____
10 약, 의학 _____
11 십대의 _____
12 빛나다, 반짝이다 _____
13 기획, 계획, 과제 _____
14 관습, 풍습 _____
15 축제 _____
16 모으다, 모이다 _____

B 다음 주어진 우리말을 참고하여 빈칸에 들어갈 알맞은 단어를 쓰세요.

1 police _____ (경찰 제복)
2 _____ child (영리한 아이)
3 _____ country (주최국)
4 _____ a cake (케이크를 굽다)
5 _____ brightly (밝게 빛나다)
6 twist one's _____ (손목을 삐다)
7 hold a _____ (축제를 열다)
8 take _____ (약을 먹다)

C 다음 우리말에 맞도록 빈칸에 알맞은 단어를 쓰세요.

1 We all _____ together to take a photo. 우리는 사진을 찍기 위해 함께 모였다.

2 It's a very common _____ in Western countries. 그것은 서양에서 매우 흔한 관습이다.

3 Don't _____ in the sun too long. 태양 아래에 너무 오래 누워있지 마라.

4 Please _____ back from the picture. 그 그림에서 한 걸음 뒤로 물러나세요.

5 We don't want anything _____. Thank you. 더 이상 필요한 것이 없습니다. 감사합니다.

6 Is it _____ to dive here? 여기서 다이빙을 해도 안전한가요?

7 Do you think this _____ is successful? 너는 이 계획이 성공적이라고 생각하니?

8 Ⓐ Could you speak louder? Ⓑ _____ me? 좀 더 크게 말씀해 주시겠어요? 뭐라고요?

D 다음의 영영풀이에 알맞은 단어를 고르세요.

1 to say something that is not true
   ① reach   ② copy   ③ tease   ④ lie

2 good at learning or understanding things
   ① lucky   ② clever   ③ shy   ④ curious

3 to come together and to form a group
   ① start   ② gather   ③ work   ④ borrow

4 clothing that everyone in a group wears
   ① uniform   ② cotton   ③ dress   ④ suit

5 not likely to cause damage, injury, or harm
   ① afraid   ② loose   ③ proud   ④ safe

6 something done by people for a long time
   ① practice   ② festival   ③ custom   ④ history

E 다음 영어발음을 듣고 영어단어를 적은 후, 우리말 의미를 쓰세요.

단어	의미		단어	의미
1		10		
2		11		
3		12		
4		13		
5		14		
6		15		
7		16		
8		17		
9		18		

ABC

01
balance [bǽləns]
명 균형 동 균형을 유지하다
n. the ability to remain steady
v. to keep your body steady

02
bottom [bátəm]
명 맨 아래, 바닥
n. the lowest part of something

반 **top** 꼭대기

03
climb [klaim]
동 오르다, 올라가다
v. to move up or over something

04
danger [déindʒər]
명 위험
n. the possibility that someone may be hurt or killed

형 **dangerous** 위험한

05
emotion [imóuʃən]
명 감정, 정서
n. a human feeling like happiness, anger, or joy

형 **emotional** 감정의, 정서적인

06
field [fi:ld]
명 들판, 분야, 경기장
n. an area of land where crops are grown; a subject that you study

07
general [dʒénərəl]
형 일반적인, 보편적인
a. not special or unique; true for most people or situations

부 **generally** 일반적으로 반 **special** 특별한

08
huge [hju:dʒ]
형 거대한, 엄청난
a. extremely large in size, amount, or degree

09
list [list]
명 목록, 명단
n. a set of names, numbers, etc. written one after another

keep a balance 균형을 유지하다 | ***balance on one leg*** 한 다리로 균형을 잡다

▸ Keep a _____ between work and play. 일과 놀이 사이에 균형을 유지해라.

▸ How can you _____ on one leg? 한 다리로 어떻게 균형을 잡을 수 있니?

at the bottom of ~ ~의 맨 아래에

▸ Look at the chart at the _____ of the page.

페이지의 맨 아래에 있는 차트를 보아라.

go climbing 등산가다

▸ My family likes to go _____ .

우리 가족은 등산가는 것을 좋아한다.

out of danger 위험에서 벗어난

▸ The patient is out of _____ now.

그 환자는 이제 위험에서 벗어났다.

hide one's emotions 감정을 숨기다

▸ Don't try to hide your _____ .

네 감정을 숨기려고 노력하지 마라.

rice field 논 | ***the field of science*** 과학 분야

▸ Farmers are working in the rice _____ . 농부들이 논에서 일을 하고 있다.

▸ He succeeded in the _____ of science. 그는 과학 분야에서 성공했다.

in general 일반적으로

▸ In _____ , women live longer than men.

일반적으로 여성이 남성보다 오래 산다.

huge animal 거대한 동물 | ***huge difference*** 엄청난 차이

▸ A whale is a _____ animal in the sea. 고래는 바다의 거대한 동물이다.

▸ This made a _____ difference. 이것이 엄청난 차이를 만들었다.

shopping list 쇼핑 목록 | ***on a list*** 명단에서

▸ Make a shopping _____ before shopping. 쇼핑을 가기 전에 쇼핑 목록을 만들어라.

▸ I found my name on the _____ . 나는 명단에서 내 이름을 찾았다.

135

10

mystery [místəri]

명 불가사의, 신비, 수수께끼

n. something that people are not able to understand

11

part [pɑːrt]

명 일부, 부분 　반 whole 전체

n. a piece or area of something

12

protect [prətékt]

통 보호하다, 지키다 　명 protection 보호

v. to keep someone or something safe from harm

13

sale [seil]

명 판매, 할인 판매

n. the act of selling goods or services

14

shock [ʃɑk]

명 충격 통 충격을 주다

n. a feeling of surprise
v. to make someone feel surprised

15

stick [stik]
*stick - stuck - stuck

통 붙이다, 붙다 명 막대기

v. to attach something to something else
n. a long, thin, or round piece of something

16

temple [témpəl]

명 절, 사원

n. a building where people go to worship

17

unique [juːníːk]

형 독특한, 특별한, 유일한 　유 special 특별한

a. unusually special; not the same as anything else

18

yard [jɑːrd]

명 마당, 뜰

n. an area around a house

complete mystery 완전한 불가사의 | *solve a mystery* 수수께끼를 풀다

▶ It is a complete _____ to us. 그것은 우리에게 완전한 불가사의이다.

▶ He finally solved the _____. 그는 마침내 수수께끼를 풀었다.

body part 신체 부위 | *take part in ~* ~에 참가하다

▶ Eyes are important body _____. 눈은 중요한 신체 부위이다.

▶ I will take _____ in this exhibit. 나는 이번 전시회에 참가할 것이다.

protect the Earth 지구를 보호하다

▶ The ozone layer _____ the Earth from the sun.

오존층은 태양으로부터 지구를 보호한다.

for sale 팔려고 내놓은

▶ I'm sorry. It's not for _____.

죄송하지만 그것은 판매용이 아닙니다.

culture shock 문화적 충격 | *shock everyone* 모두에게 충격을 주다

▶ We feel culture _____ in other countries. 우리는 다른 나라에서 문화적 충격을 느낀다.

▶ The accident _____ everyone. 그 사고는 모두에게 충격을 주었다.

stick a photo 사진을 붙이다 | *long stick* 긴 막대기

▶ _____ the photo into an album. 그 사진을 앨범에 붙여라.

▶ Why are you holding that long _____? 너는 왜 그 긴 막대기를 잡고 있니?

famous temple 유명한 절

▶ There are many famous _____ in this area.

이 지역에는 유명한 절이 많이 있다.

unique food 독특한 음식

▶ Korea has a _____ food culture.

한국은 독특한 음식 문화를 가지고 있다.

in the yard 마당에

▶ We grow some vegetables in the _____.

우리는 마당에 약간의 채소를 재배한다.

A 다음 영어단어는 우리말로, 우리말은 영어단어로 쓰세요.

1 stick _____
2 balance _____
3 sale _____
4 mystery _____
5 unique _____
6 shock _____
7 general _____
8 field _____

9 오르다, 올라가다 _____
10 거대한, 엄청난 _____
11 위험 _____
12 보호하다, 지키다 _____
13 목록, 명단 _____
14 맨 아래, 바닥 _____
15 감정, 정서 _____
16 절, 사원 _____

B 다음 주어진 우리말을 참고하여 빈칸에 들어갈 알맞은 단어를 쓰세요.

1 on a _____ (명단에서)
2 in the _____ (마당에)
3 in _____ (일반적으로)
4 _____ everyone (모두에게 충격을 주다)
5 the _____ of science (과학 분야)
6 for _____ (팔려고 내놓은)
7 hide one's _____ (감정을 숨기다)
8 _____ difference (엄청난 차이)

C 다음 우리말에 맞도록 빈칸에 알맞은 단어를 쓰세요.

1 An athlete needs a good sense of _____. 육상 선수에게는 좋은 균형 감각이 필요하다.

2 What was the best _____ of the movie? 그 영화에서 가장 좋은 부분은 어디였니?

3 Each person's fingerprints are very _____. 모든 사람의 지문은 유일무이하다.

4 The world is full of _____ and adventures. 세상은 신비와 모험으로 가득하다.

5 He's the youngest man to _____ Mt. Everest. 그는 에베레스트를 오른 가장 어린 사람이다.

6 A hat _____ you from strong sunlight. 모자는 강한 햇빛으로부터 너를 지켜준다.

7 The dog saved the old man from _____. 그 개가 노인을 위험에서 구했다.

8 There is some gum on the _____ of your shoe. 네 신발 바닥에 껌이 붙었다.

D 다음의 영영풀이에 알맞은 단어를 고르세요.

1 the possibility that someone may be hurt or killed
① stranger　② drama　③ bottom　④ danger

2 not the same as anything else
① regular　② unique　③ funny　④ proud

3 extremely large in size, amount, or degree
① huge　② certain　③ eager　④ rude

4 something that people are not able to understand
① false　② interest　③ mystery　④ mistake

5 to keep someone or something safe from harm
① tease　② protect　③ gather　④ shock

6 a human feeling like happiness, anger, or joy
① sense　② emotion　③ freedom　④ shadow

E 다음 영어발음을 듣고 영어단어를 적은 후, 우리말 의미를 쓰세요.

단어	의미	단어	의미
1		10	
2		11	
3		12	
4		13	
5		14	
6		15	
7		16	
8		17	
9		18	

01

background
[bǽkgràund]

명 (사진, 일, 개인 등의) 배경

n. the part of a picture behind the main subject; someone's family, education, etc.

02

bow [bau]

동 절하다, 고개를 숙이다   명 절

v. to bend your body forward to show respect
n. the act of bending the top part of your body

03

cloth [klɔ(:)θ]

명 옷감, 천   참 clothes 옷

n. material used to make things such as clothes

04

dead [ded]

형 죽은   명 death 죽음

a. no longer alive

05

enemy [énəmi]

명 적, 적군   반 friend 친구

n. someone who opposes or competes against you

06

file [fail]

명 파일, 기록, 서류

n. a set of papers, records, etc. that contains information

07

gift [gift]

명 선물, 재능   유 present 선물; talent 재능

n. something you give someone on a special occasion; an ability to do something well

08

hunt [hʌnt]

동 사냥하다, 찾다   명 사냥   참 hunter 사냥꾼

v. to find animals to kill or catch them
n. the activity of looking for and killing animals

09

level [lévəl]

명 수준, 단계, 높이

n. an amount or degree of something; a height in relation to the ground *nice background* 멋진 배경 | *family background* 가정 환경

▶ This picture has a nice _____. 이 사진은 배경이 멋지다.

▶ Can you tell me your family _____? 네 가정 환경을 이야기해 줄 수 있니?

bow to ~ ~에게 절하다 | *take a bow* (청중에게) 인사를 하다

▶ We _____ to our parents on New Year's Day. 우리는 설날에 부모님에게 세배를 한다.

▶ The music ended, and he took a _____. 음악이 끝나고 그가 인사를 했다.

cotton cloth 광목 (면 옷감)

▶ This shirt is made from cotton _____.

이 셔츠는 광목으로 만들어졌다.

dead animal 죽은 동물

▶ Hyenas live on _____ animals in the wild.

하이에나는 야생에서 죽은 동물을 먹고 산다.

fight an enemy 적과 싸우다

▶ We are all ready to fight the _____.

우리는 모두 적과 싸울 준비가 되었다.

keep a file 파일을 보관하다

▶ He keeps a _____ on his students' records.

그는 학생들의 성적에 관한 파일을 보관한다.

receive a gift 선물을 받다 | *gift for music* 음악적 재능

▶ Did you receive a _____ for Christmas? 크리스마스에 선물을 받았니?

▶ She has a _____ for music. 그녀는 음악적 재능이 있다.

hunt for food 먹이를 사냥하다 | *go on a hunt* 사냥을 가다

▶ Some animals _____ for food at night. 어떤 동물들은 밤에 먹이를 사냥한다.

▶ They will go on a _____ this weekend. 그들은 이번 주말에 사냥을 갈 것이다.

price level 물가 수준

▶ The price _____ is very high in Seoul.

서울의 물가 수준은 매우 높다.

10

nail [neil]

명 손톱, 발톱, 못   유 fingernail 손톱; toenail 발톱

n. the smooth layers on the ends of fingers and toes; a thin piece of metal with a flat top

11

own [oun]

형 자기 자신의   동 소유하다

a. used to say that something belongs to a particular person
v. legally to have something

12

promise [prámis]

동 약속하다   명 약속

v. to tell someone that you will surely do something
n. a statement that you will surely do something

13

sand [sænd]

명 모래, 모래사장

n. a substance that consists of small pieces of stone

14

shoot [ʃuːt]
*shoot - shot - shot

동 (총 등을) 쏘다, 발사하다   명 shot 발사

v. to make a bullet or arrow come from a weapon

15

special [spéʃəl]

형 특별한, 특수한   유 unique 특별한

a. different from and usually better than what is normal

16

terrible [térəbəl]

형 끔찍한, 무서운, 심한   유 horrible

a. making you feel afraid or shocked

17

unit [júːnit]

명 (상품의) 한 개, (구성) 단위

n. a single item; an individual thing that is a part of something larger

18

yet [jet]

부 (부정문) 아직, (의문문) 이미, 벌써

adv. used for saying that something has not happened; used for asking if something has happened

bite one's nails 손톱을 물어뜯다
▸ You should not bite your _____.
  손톱을 물어뜯으면 안 된다.

one's own idea 자신의 생각 | *own a car* 차를 소유하다
▸ It's my _____ idea of success. 그것이 성공에 대한 내 생각이다.
▸ He doesn't want to _____ a car. 그는 차를 소유하기를 원치 않는다.

promise to help 돕기로 약속하다 | *keep one's promise* 약속을 지키다
▸ She _____ to help me. 그녀는 나를 돕기로 약속했다.
▸ Do your best to keep your _____. 약속을 지키도록 최선을 다해라.

play in the sand 모래에서 놀다
▸ Most children like to play in the _____.
  대부분 아이들은 모래에서 놀기를 좋아한다.

shoot a gun 총을 쏘다
▸ Don't _____ the gun until I give the order.
  내가 명령할 때까지 총을 쏘지 마라.

special present 특별한 선물
▸ I prepared a _____ present for you.
  내가 너를 위해 특별한 선물을 준비했다.

terrible mistake 끔찍한 실수
▸ You made a _____ mistake today.
  너는 오늘 끔찍한 실수를 저질렀다.

per unit 개 당 | *the smallest unit* 가장 작은 구성단위
▸ How much is this per _____? 이것은 개 당 얼마인가요?
▸ A cell is the smallest _____ in the body. 세포는 신체의 가장 작은 구성단위이다.

not ~ yet 아직 ~ 않은 | *Did ~ yet?* 벌써 ~했니?
▸ I don't know anything _____. 나는 아직 아무것도 모른다.
▸ Did you finish your homework _____? 벌써 숙제를 끝냈니?

143

A 다음 영어단어는 우리말로, 우리말은 영어단어로 쓰세요.

1 shoot _____
2 unit _____
3 hunt _____
4 own _____
5 sand _____
6 nail _____
7 terrible _____
8 bow _____

9 옷감, 천 _____
10 약속하다, 약속 _____
11 적, 적군 _____
12 선물, 재능 _____
13 죽은 _____
14 파일, 기록, 서류 _____
15 특별한, 특수한 _____
15 수준, 단계, 높이 _____

B 다음 주어진 우리말을 참고하여 빈칸에 들어갈 알맞은 단어를 쓰세요.

1 _____ animal (죽은 동물)
2 the smallest _____ (가장 작은 구성단위)
3 family _____ (가정 환경)
4 bite one's _____ (손톱을 물어뜯다)
5 _____ for music (음악적 재능)
6 _____ a gun (총을 쏘다)
7 play in the _____ (모래에서 놀다)
8 take a _____ (청중에게 인사를 하다)

C 다음 우리말에 맞도록 빈칸에 알맞은 단어를 쓰세요.

1 We have to wear _____ clothes in space. 우주에서는 특수한 옷을 입어야 한다.
2 The river is at its highest _____ in five years. 강 수위가 5년 중 최고 수준이다.
3 Cats and dogs are natural _____ . 고양이와 개는 천적이다.
4 Ⓐ Is supper ready? Ⓑ Not _____ . 저녁식사 준비가 다 되었나요? 아직이요.
5 I need a room of my _____ . 나는 내 자신만의 방이 필요하다.
6 Click on the icon to save a _____ . 파일을 저장하려면 아이콘을 클릭해라.
7 Could you pull out this _____ ? 이 못을 좀 뽑아주시겠어요?
8 Don't make _____ you can't keep. 지킬 수 없는 약속은 하지 마라.

D 다음의 영영풀이에 알맞은 단어를 고르세요.

1 making you feel afraid or shocked
   ① powerful ② terrible ③ wise ④ sharp

2 to bend your body forward to show respect
   ① bow ② admire ③ earn ④ climb

3 different from and usually better than what is normal
   ① rude ② principal ③ special ④ same

4 an ability to do something well
   ① prize ② choice ③ field ④ gift

5 someone who opposes or competes against you
   ① shadow ② fight ③ enemy ④ drama

6 to tell someone that you will surely do something
   ① mix ② promise ③ form ④ host

E 다음 영어발음을 듣고 영어단어를 적은 후, 우리말 의미를 쓰세요.

단어	의미		단어	의미
1		10		
2		11		
3		12		
4		13		
5		14		
6		15		
7		16		
8		17		
9		18		

ABC

01

bowl [boul]

명 그릇, 사발

n. a round container for food

02

club [klʌb]

명 동아리, 클럽, 동호회

n. a group for people with the same interests

03

decide [disáid]

통 결정하다, 결심하다 　　　　　　　　 명 decision 결정

v. to make a choice about what you are going to do

04

energy [énərdʒi]

명 힘, 활기, 에너지 　　　　　　　　 형 energetic 활동적인

n. power; the usage of power

05

final [fáinəl]

형 마지막의, 최종적인　명 결승전　유 last 마지막의　부 finally 마지막으로

a. happening last in a series
n. the last game, race, etc. in a competition

06

giant [dʒáiənt]

형 거대한　명 거인　　　　　　　　 유 huge 거대한

a. extremely big
n. an extremely tall man

07

hotel [houtél]

명 호텔

n. a building where you pay to sleep

08

ice [ais]

명 얼음

n. frozen water

09

judge [dʒʌdʒ]

명 판사　통 판단하다 　　　　　　　　 명 judgment 심판, 판단

n. someone whose job is to make decisions in court
v. to form an opinion about something

a bowl of soup 수프 한 그릇
▶ I already had a _____ of soup for breakfast.
나는 벌써 아침으로 수프 한 그릇을 먹었다.

join a club 동아리에 가입하다
▶ Have you joined a _____ at school?
너는 학교에서 동아리에 가입했니?

decide to go 가기로 결정하다
▶ Why did they _____ to go to Africa?
그들은 왜 아프리카에 가기로 결정했니?

full of energy 힘이 넘치는 | *produce energy* 에너지를 생산하다
▶ Mark is always full of _____. 마크는 항상 힘이 넘친다.
▶ People produce _____ from wind. 사람들은 바람으로부터 에너지를 생산한다.

final stage 마지막 단계 | *reach the finals* 결승전에 진출하다
▶ This project is in its _____ stage. 이 계획은 마지막 단계에 있다.
▶ Our soccer team reached the _____. 우리 축구팀이 결승전에 진출했다.

giant gorilla 거대한 고릴라
▶ *King Kong* is a movie about a _____ gorilla.
킹콩은 거대한 고릴라에 대한 영화이다.

expensive hotel 비싼 호텔
▶ They will stay at an expensive _____ in Paris.
그들은 파리에서 비싼 호텔에 머무를 것이다.

ice water 얼음물
▶ Don't drink too much _____ water.
얼음물을 너무 많이 마시지 마라.

become a judge 판사가 되다 | *difficult to judge* 판단하기 어려운
▶ He decided to become a _____. 그는 판사가 되기로 결심했다.
▶ It's difficult to _____ right now. 지금 당장 판단하기는 어렵다.

147

10

nation [néiʃən]

명 나라, 국가 　　　　　　　유 country　형 national 국가의, 전국적인

n. a country that has its own land and government

11

patient [péiʃənt]

명 환자　형 참을성 있는　　　　　반 impatient 참을성 없는

n. someone being treated by a doctor

a. able to wait for a long time

12

public [pʌ́blik]

형 공공의, 대중의　명 대중, 일반인

a. relating to the people in a community

n. ordinary people

13

save [seiv]

동 아끼다, 구하다, 저축하다

v. to use less money, time, etc.; to make someone safe from danger

14

shout [ʃaut]

동 소리 지르다, 외치다　명 외침　　유 yell; scream

v. to say something in a loud voice

n. a loud call expressing anger or excitement

15

stove [stouv]

명 난로, 스토브

n. a thing used to cook or to heat a room

16

thing [θiŋ]

명 것, 물건, 일

n. an object you are talking about; an object, item, action, or activity

17

trust [trʌst]

명 신뢰　동 믿다, 신뢰하다　　유 belief 신뢰

n. a strong belief in someone or something

v. to believe that someone is honest

18

youth [ju:θ]

명 젊음, 청춘, 젊은이

n. the state of being young; young people in general

the best nation 가장 좋은 나라
- ▸ I'm sure I live in the best _____ .

  나는 가장 좋은 나라에 살고 있다고 확신한다.

help a patient 환자를 돕다 | *patient with ~* ~에게 참을성이 있는
- ▸ This medicine will help the _____ . 이 약은 그 환자를 도와줄 것이다.
- ▸ Be _____ with young children. 어린 아이들에게는 인내심을 가져라.

public place 공공 장소
- ▸ Do not smoke in _____ places.

  공공 장소에서는 담배를 피우지 마세요.

save energy 에너지를 아끼다 | *save one's life* 목숨을 구하다
- ▸ We should _____ energy for the future. 우리는 미래를 위해 에너지를 아껴야 한다.
- ▸ Thank you for _____ my life. 제 목숨을 구해주셔서 감사합니다.

shout with joy 환호하다 | *give a shout* 외치다
- ▸ All of the students _____ with joy. 모든 학생들이 환호했다.
- ▸ He gave a _____ for help. 그는 도와달라고 외쳤다.

on a stove 난로 위에서
- ▸ The water is boiling on the _____ .

  난로 위에서 물이 끓고 있다.

terrible thing 끔찍한 것
- ▸ That's a terrible _____ to think.

  그것은 생각하기도 끔찍한 것이다.

win one's trust 신뢰를 얻다 | *trust yourself* 네 자신을 믿다
- ▸ He finally won his family's _____ . 그는 마침내 가족의 신뢰를 얻었다.
- ▸ _____ yourself and try again. 네 자신을 믿고 다시 시도해 봐.

in one's youth 젊은 시절에
- ▸ He played the drum in his _____ .

  그는 젊은 시절에 드럼을 연주했다.

A 다음 영어단어는 우리말로, 우리말은 영어단어로 쓰세요.

1 thing _____
2 public _____
3 hotel _____
4 trust _____
5 club _____
6 shout _____
7 decide _____
8 final _____

9 젊음, 청춘, 젊은이 _____
10 환자, 참을성 있는 _____
11 판사, 판단하다 _____
12 거대한, 거인 _____
13 그릇, 사발 _____
14 힘, 활기, 에너지 _____
15 나라, 국가 _____
16 난로, 스토브 _____

B 다음 주어진 우리말을 참고하여 빈칸에 들어갈 알맞은 단어를 쓰세요.

1 _____ place (공공 장소)
2 _____ one's life (목숨을 구하다)
3 in one's _____ (젊은 시절에)
4 win one's _____ (신뢰를 얻다)
5 a _____ of soup (수프 한 그릇)
6 reach the _____ (결승전에 진출하다)
7 _____ with joy (환호하다)
8 help a _____ (환자를 돕다)

C 다음 우리말에 맞도록 빈칸에 알맞은 단어를 쓰세요.

1 He's good at making _____ with his hands. 그는 손으로 물건을 만드는 것에 능숙하다.

2 He fought a bad _____ and won. 그는 나쁜 거인과 싸워서 이겼다.

3 The palace is open to the _____. 그 궁전은 대중에게 개방되어 있다.

4 I'm _____ up for a new computer. 나는 새 컴퓨터를 사기 위해 돈을 저축하고 있다.

5 Don't _____ others by their appearances. 외모로 다른 사람을 판단하지 마라.

6 Would you like some _____ in your drink? 음료에 얼음을 좀 넣어 드릴까요?

7 She _____ to exercise every morning. 그녀는 매일 아침 운동하기로 결심했다.

8 It's totally a waste of time and _____. 그것은 전적으로 시간과 에너지 낭비이다.

D 다음의 영영풀이에 알맞은 단어를 고르세요.

1 to use less money, time, etc.
　① save　　　　② promise　　　　③ spend　　　　④ pay

2 able to wait for a long time
　① boring　　　② successful　　　③ own　　　　④ patient

3 a strong belief in someone or something
　① manner　　　② custom　　　　③ trust　　　　④ order

4 to make a choice about what you are going to do
　① handle　　　② decide　　　　③ discuss　　　④ forgive

5 happening last in a series
　① final　　　　② worse　　　　③ mystery　　　④ shock

6 relating to the people in a community
　① special　　　② public　　　　③ general　　　④ unique

E 다음 영어발음을 듣고 영어단어를 적은 후, 우리말 의미를 쓰세요.

단어	의미		단어	의미
1		10		
2		11		
3		12		
4		13		
5		14		
6		15		
7		16		
8		17		
9		18		

Answers
정답

Answers

Day 01 Exercise pp. 12-13

A

1 빗질하다, 빗
2 (꼭) 맞다, 어울리다, 적합한, 알맞은
3 해외로, 해외에(서)
4 유용한, 쓸모 있는
5 단정한, 정돈된, 깔끔한
6 엔진, 기관, 기관차
7 동전
8 기계
9 strange
10 peace
11 decorate
12 goal
13 imagine
14 brain
15 punish
16 schedule

B

1 coins
2 thread
3 fit
4 abroad
5 imagine
6 shower
7 machine
8 useful

C

1 neat
2 peace
3 goal
4 comb
5 punished
6 strange
7 engine
8 schedule

D

1 ④ fit
2 ① schedule
3 ③ peace
4 ① abroad
5 ③ punish
6 ② neat

E

1 engine 엔진, 기관, 기관차
2 schedule 일정, 스케줄
3 thread 실
4 imagine 상상하다
5 useful 유용한, 쓸모 있는
6 shower 샤워(하기), 샤워기, 소나기
7 punish 벌주다, 처벌하다
8 strange 이상한, 낯선
9 brain 뇌
10 coin 동전
11 fit (꼭) 맞다, 어울리다, 적합한, 알맞은
12 goal 목표, (경기의) 골, 득점
13 comb 빗질하다, 빗
14 abroad 해외로, 해외에(서)
15 peace 평화
16 machine 기계
17 neat 단정한, 정돈된, 깔끔한
18 decorate 장식하다, 꾸미다

Day 02 Exercise pp. 18-19

A

1 나뭇가지, 지점
2 모으다, 수집하다
3 자연
4 수줍어하는, 부끄러움을 타는
5 들어가다(오다)
6 평상시의, 보통의, 일상의
7 신, (G~) 하나님
8 경주, 경기, 인종
9 pearl
10 straw
11 accident
12 deliver
13 insect
14 scold
15 throat
16 barber

B

1 shy
2 gods
3 enter
4 pearl
5 race
6 throat
7 usual
8 barber

C

1 flat
2 straw
3 usual
4 scold
5 marry
6 collect
7 accidents
8 deliver

D

1 ① shy
2 ② nature
3 ③ flat
4 ④ marry
5 ③ scold
6 ① insect

E

1 enter 들어가다(오다)
2 collect 모으다, 수집하다
3 god 신, (G~) 하나님
4 marry 결혼하다
5 branch 나뭇가지, 지점
6 pearl 진주
7 scold 야단치다, 꾸짖다
8 deliver 배달하다, 전하다
9 straw 지푸라기, 빨대
10 race 경주, 경기, 인종
11 accident 사고, 우연
12 throat 목, 목구멍
13 nature 자연
14 shy 수줍어하는, 부끄러움을 타는
15 flat 평평한, 납작한, 바람이 빠진
16 usual 평상시의, 보통의, 일상의
17 insect 곤충, 벌레
18 barber 이발사

A

1 황금빛의, 금으로 만든
2 비옷
3 아프다, 아픔
4 부러워하다, 부러움, 선망
5 스트레스, 강조, 강조하다
6 연기, 담배를 피우다, 연기가 나다
7 사막
8 기초적인, 기본적인
9 needle
10 college
11 float
12 magic
13 valley
14 thick
15 brave
16 percent

B

1 ache
2 college
3 introduce
4 float
5 score
6 smoke
7 stress
8 needle

C

1 scored
2 percent
3 magic
4 envy
5 golden
6 Desert
7 thick
8 introduced

D

1 ① basic
2 ② introduce
3 ① stress
4 ④ thick
5 ③ valley
6 ③ float

E

1 envy 부러워하다, 부러움, 선망
2 desert 사막
3 golden 황금빛의, 금으로 만든
4 brave 용감한
5 stress 스트레스, 강조, 강조하다
6 magic 마법, 마술, 마법의
7 college (단과)대학
8 percent 퍼센트(%), 백분
9 smoke 연기, 담배를 피우다, 연기가 나다
10 ache 아프다, 아픔
11 score 점수, 득점, 득점하다
12 valley 계곡, 골짜기
13 float (물 위에) 뜨다, 떠다니다
14 needle 바늘
15 thick 두꺼운, 굵은, 진한
16 basic 기초적인, 기본적인
17 raincoat 비옷
18 introduce 소개하다

A

1 비명, 비명을 지르다, 소리치다
2 조종사, 비행사
3 집중하다, 초점을 맞추다, 초점
4 면접, 인터뷰, 인터뷰하다
5 벽돌
6 신호, 신호를 보내다
7 광선
8 안내원, 안내서, 안내하다
9 battle
10 thumb
11 neighbor
12 common
13 strike
14 male
15 essay
16 various

B

1 pilot
2 strike
3 various
4 across
5 ray
6 neighbor
7 battle
8 thumb

C

1 common
2 signal
3 focused
4 guide
5 essay
6 designed
7 screaming
8 interview

D

1 ① common
2 ④ neighbor
3 ② scream
4 ③ various
5 ③ brick
6 ① interview

E

1 battle 전투, 싸움
2 male 남성, 수컷, 남성의, 수컷의
3 guide 안내원, 안내서, 안내하다
4 ray 광선
5 brick 벽돌
6 strike 부딪히다, 치다, 때리다
7 interview 면접, 인터뷰, 인터뷰하다
8 across ~의 건너에, 가로질러, 맞은편에
9 essay 수필, 과제물
10 neighbor 이웃, 이웃 사람
11 signal 신호, 신호를 보내다
12 thumb 엄지손가락
13 common 흔한, 평범한, 공통의
14 various 다양한, 여러 가지의
15 focus 집중하다, 초점을 맞추다, 초점
16 scream 비명, 비명을 지르다, 소리치다
17 pilot 조종사, 비행사
18 design 디자인하다, 설계하다, 디자인, 무늬

Day 05 Exercise pp. 36-37

A

1 완전한, 끝마치다, 완료하다
2 행사, 사건
3 활동적인, 적극적인
4 태도, 방식
5 도착하다, 도달하다, 닿다
6 옷을 벗다, (껍질 등을) 벗기다
7 깔끔한, 잘 정돈된, 정리하다
8 서비스, 봉사
9 burn
10 flour
11 screen
12 beard
13 nephew
14 grave
15 victory
16 destroy

B

1 manners
2 active
3 interest
4 pleasure
5 beard
6 event
7 destroy
8 grave

C

1 completed
2 service
3 interest
4 victory
5 pleasure
6 burned
7 reach
8 tidy

D

1 ① active
2 ② reach
3 ③ grave
4 ④ tidy
5 ② destroy
6 ③ interest

E

1 event 행사, 사건
2 manner 태도, 방식
3 complete 완전한, 끝마치다, 완료하다
4 pleasure 기쁨, 즐거움
5 grave 무덤, 묘
6 service 서비스, 봉사
7 active 활동적인, 적극적인
8 tidy 깔끔한, 잘 정돈된, 정리하다
9 nephew 남자 조카
10 destroy 파괴하다
11 reach 도착하다, 도달하다, 닿다
12 beard 턱수염
13 strip 옷을 벗다, (껍질 등을) 벗기다
14 screen 화면, 스크린
15 flour (곡물의) 가루, 밀가루
16 interest 관심, 흥미
17 victory 승리
18 burn 타다, 태우다, 데다

Day 06 Exercise pp. 42-43

A

1 연주회, 음악회
2 줄무늬
3 사업, 장사, 일, 업무
4 치다, 때리다, 이기다
5 진짜의, 실제의, 진정한
6 경고하다, 주의를 주다
7 꽉 조이는, 단단한, 빠듯한
8 범람시키다, 홍수
9 nervous
10 ground
11 secret
12 add
13 invent
14 poem
15 magazine
16 dictionary

B

1 magazine
2 everybody
3 tight
4 beat
5 flood
6 poem
7 concert
8 invent

C

1 business
2 dictionary
3 real
4 ground
5 nervous
6 secrets
7 skin
8 warned

D

1 ② tight
2 ① invent
3 ④ nervous
4 ④ business
5 ② warn
6 ③ flood

E

1 ground 땅바닥, 땅, 토양
2 magazine 잡지
3 poem 시
4 add 첨가하다, 더하다
5 real 진짜의, 실제의, 진정한
6 dictionary 사전
7 secret 비밀, 비밀의
8 beat 치다, 때리다, 이기다
9 invent 발명하다
10 stripe 줄무늬
11 everybody 모든 사람, 누구든지
12 nervous 긴장이 되는, 불안한
13 warn 경고하다, 주의를 주다
14 business 사업, 장사, 일, 업무
15 tight 꽉 조이는, 단단한, 빠듯한
16 flood 범람시키다, 홍수
17 skin 피부, 가죽
18 concert 연주회, 음악회

Day 07 Exercise　　pp. 48-49

A

1 모든 것, 모두
2 침착한, 차분한, 진정시키다
3 경기, 시합, 성냥, 어울리다
4 접다
5 제목
6 견해, 전망, 경치
7 대회, 시합
8 이유, 까닭
9 admire
10 sleeve
11 healthy
12 nest
13 stupid
14 seed
15 dig
16 beauty

B

1 stupid
2 nest
3 view
4 reason
5 match
6 beauty
7 healthy
8 fold

C

1 calm
2 matches
3 pole
4 admires
5 sleeve
6 everything
7 seeds
8 iron

D

1 ① admire
2 ③ pole
3 ④ healthy
4 ③ fold
5 ② stupid
6 ① reason

E

1 admire 존경하다, 칭찬하다
2 healthy 건강한, 건강에 좋은
3 match 경기, 시합, 성냥, 어울리다
4 dig (땅을) 파다, 파내다
5 pole 장대, (지구의) 극
6 stupid 어리석은, 멍청한
7 everything 모든 것, 모두
8 seed 씨앗, 씨
9 title 제목
10 beauty 아름다움, 미인
11 reason 이유, 까닭
12 view 견해, 전망, 경치
13 contest 대회, 시합
14 sleeve 소매
15 iron 쇠, 철, 다리미, 다리미질 하다
16 calm 침착한, 차분한, 진정시키다
17 nest 둥지, 보금자리
18 fold 접다

Day 08 Exercise　　pp. 54-55

A

1 영리한, 똑똑한
2 의논하다, 논의하다
3 어른, 성인, 다 자란, 성인의
4 식사, 끼니
5 교환, 교환하다, 바꾸다
6 낭비하다, 쓰레기, 낭비
7 자아, 자신
8 규칙적인, 정기적인
9 conversation
10 guest
11 popular
12 camp
13 island
14 net
15 style
16 follow

B

1 conversation
2 tip
3 island
4 net
5 adult
6 camping
7 behind
8 guest

C

1 exchange
2 popular
3 waste
4 island
5 discussed
6 regular
7 meals
8 Follow

D

1 ④ discuss
2 ② style
3 ③ waste
4 ② island
5 ① exchange
6 ② regular

E

1 follow 따라가다(오다), 따르다
2 island 섬
3 camp 캠프, 야영, 야영하다
4 popular 인기 있는, 대중적인
5 self 자아, 자신
6 conversation 대화, 회화
7 net 그물, 망, 네트
8 style 방식, 스타일, 유행
9 behind ~ 뒤에, ~에 뒤떨어진, 뒤에
10 regular 규칙적인, 정기적인
11 waste 낭비하다, 쓰레기, 낭비
12 discuss 의논하다, 논의하다
13 tip 봉사료, 조언, (뾰족한) 끝
14 guest 손님
15 smart 영리한, 똑똑한
16 adult 어른, 성인, 다 자란, 성인의
17 meal 식사, 끼니
18 exchange 교환, 교환하다, 바꾸다

A

1 웅장한, 굉장한, 위대한
2 취소하다
3 항목, 품목
4 자세, 포즈, 자세를 취하다
5 ~해야 한다, ~임에 틀림없다
6 날카로운, 예리한, 뾰족한
7 운동, 연습, 운동하다, 연습하다
8 복사하다, 복사(본), 한 부
9 believe
10 village
11 advice
12 newspaper
13 subject
14 relative
15 foreign
16 discussion

B

1 item
2 copy
3 cancel
4 village
5 subject
6 foreign
7 till
8 discussion

C

1 believe
2 advice
3 sign
4 relatives
5 must
6 newspaper
7 grand
8 exercise

D

1 ② advice
2 ③ believe
3 ④ subject
4 ① sign
5 ① exercise
6 ③ grand

E

1 foreign 외국의
2 sharp 날카로운, 예리한, 뾰족한
3 till ~ (때)까지
4 advice 충고, 조언
5 grand 웅장한, 굉장한, 위대한
6 copy 복사하다, 복사(본), 한 부
7 exercise 운동, 연습, 운동하다, 연습하다
8 newspaper 신문
9 believe 믿다, 생각하다
10 relative 친척
11 must ~해야 한다, ~임에 틀림없다
12 subject 주제, 과목
13 cancel 취소하다
14 village 마을, 촌
15 sign 표지판, 신호, 서명하다, 신호를 보내다
16 discussion 의논, 논의
17 pose 자세, 포즈, 자세를 취하다
18 item 항목, 품목

A

1 보고(서), 보도, 알리다, 보고하다
2 버릇, 습관
3 선장, 기장, 주장
4 전시하다, 전시품, 전시회
5 감각, 느낌
6 평범한, 보통의, 정상적인
7 녹다, 녹이다
8 종, 종소리, 초인종
9 disease
10 forest
11 war
12 lazy
13 cotton
14 tool
15 soap
16 position

B

1 afraid
2 bell
3 exhibit
4 lazy
5 melt
6 normal
7 succeed
8 War

C

1 sense
2 succeeded
3 habit
4 reported
5 position
6 afraid
7 disease
8 forests

D

1 ④ afraid
2 ② exhibit
3 ③ habit
4 ① lazy
5 ① succeed
6 ④ sense

E

1 sense 감각, 느낌
2 afraid 두려워하는, 걱정하는
3 forest 숲, 산림
4 report 보고(서), 보도, 알리다, 보도하다
5 lazy 게으른, 나태한
6 tool 도구, 연장
7 bell 종, 종소리, 초인종
8 soap 비누
9 habit 버릇, 습관
10 captain 선장, 기장, 주장
11 position 위치, 자세, 입장
12 exhibit 전시하다, 전시품, 전시회
13 cotton 면, 솜
14 war 전쟁, 전투
15 melt 녹다, 녹이다
16 succeed 성공하다, 뒤를 잇다
17 disease 질병, 병
18 normal 평범한, 보통의, 정상적인

Day 11 Exercise   pp. 72-73

A

1 존경, 존중, 존경하다, 존중하다
2 홀, 넓은 방, 복도, 현관
3 살아있는, 활기 넘치는
4 정오, 낮 12시
5 영원히
6 구성원, 회원
7 따르다, 마구 쏟아지다
8 무게가 ~이다, 무게를 재다
9 successful
10 soil
11 cough
12 topic
13 exit
14 joke
15 series
16 drawer

B

1 cash
2 pour
3 cough
4 soil
5 topic
6 exit
7 alive
8 hall

C

1 forever
2 weigh
3 joking
4 below
5 series
6 successful
7 respect
8 cash

D

1 ① soil
2 ② forever
3 ③ successful
4 ④ noon
5 ③ respect
6 ② alive

E

1 weigh 무게가 ~이다, 무게를 재다
2 below ~ 아래에, ~ 이하의, 아래에
3 joke 농담, 농담하다
4 member 구성원, 회원
5 cough 기침, 기침하다
6 exit 출구
7 pour 따르다, 마구 쏟아지다
8 alive 살아있는, 활기 넘치는
9 series 연속, 시리즈
10 noon 정오, 낮 12시
11 forever 영원히
12 successful 성공적인, 성공한
13 cash 현금
14 topic 주제, 화제
15 respect 존경, 존중, 존경하다, 존중하다
16 soil 토양, 흙
17 drawer 서랍
18 hall 홀, 넓은 방, 복도, 현관

Day 12 Exercise   pp. 78-79

A

1 두 사람(개), 한 쌍, 부부
2 허락하다, 허용하다
3 기억력, 기억
4 고통을 받다
5 서쪽의, (W~) 서양의
6 완전한, 전체의, 합계, 총액
7 제공하다, 시중들다, 섬기다
8 돌아오다(가다), 돌려주다
9 explain
10 power
11 bill
12 cave
13 luck
14 dot
15 soldier
16 northern

B

1 return
2 garage
3 power
4 memory
5 Northern
6 headache
7 suffer
8 total

C

1 bill
2 Western
3 soldiers
4 explain
5 couple
6 luck
7 allowed
8 served

D

1 ① explain
2 ③ return
3 ① Western
4 ② suffer
5 ③ luck
6 ④ allow

E

1 cave 동굴
2 explain 설명하다, 해명하다
3 memory 기억력, 기억
4 serve 제공하다, 시중들다, 섬기다
5 allow 허락하다, 허용하다
6 luck 운, 행운
7 power 힘, 능력, 에너지
8 garage 차고, 주차장
9 total 완전한, 전체의, 합계, 총액
10 western 서쪽의, (W~) 서양의
11 bill 청구서, 계산서, 지폐
12 northern 북쪽의, 북부의
13 headache 두통
14 return 돌아오다(가다), 돌려주다
15 couple 두 사람(개), 한 쌍, 부부
16 soldier 군인, 병사
17 suffer 고통을 받다
18 dot 점

Day 13 Exercise   pp. 84-85

A

1	걸다, 매달다	9	wheel
2	메모, 쪽지, 기록, 필기	10	simple
3	~을 따라, 함께, 앞으로	11	kill
4	오르다, 증가하다, 증가, 상승	12	form
5	표현하다, 나타내다, 급행의	13	mess
6	정장, ~옷, 맞다, 어울리다	14	course
7	두 배의, 2인용의, 이중의, 두 배	15	billion
8	여행, 관광, 여행하다	16	principal

B

1	form	5	course
2	rise	6	solve
3	note	7	principal
4	tour	8	hang

C

1	killing	5	mess
2	express	6	wheels
3	certain	7	simple
4	suit	8	solve

D

1	① principal	4	③ billion
2	④ solve	5	② certain
3	③ mess	6	② express

E

1 double 두 배의, 2인용의, 이중의, 두 배
2 mess 엉망인 상태(상황)
3 course 강좌, 항로, 방향, 과정
4 rise 오르다, 증가하다, 증가, 상승
5 form 형태, 종류, 방식, 서식
6 solve 해결하다, 풀다
7 certain 확신하는, 확실한, 어떤
8 note 메모, 쪽지, 기록, 필기
9 simple 간단한, 단순한
10 hang 걸다, 매달다
11 suit 정장, ~옷, 맞다, 어울리다
12 billion 10억
13 principal 주된, 주요한, 교장
14 express 표현하다, 나타내다, 급행의
15 wheel 바퀴
16 kill 죽이다
17 along ~을 따라, 함께, 앞으로
18 tour 여행, 관광, 여행하다

Day 14 Exercise   pp. 90-91

A

1	드라마, 연극	9	roast
2	(설문) 조사, 조사하다, 점검하다	10	average
3	탑	11	found
4	추가의, 여분의	12	ocean
5	맛이 신, 시큼한	13	center
6	일어나다, 발생하다	14	prepare
7	놓다, 정하다, (기기를) 맞추다	15	message
8	(땅 속에 사는) 벌레	16	birth

B

1	found	5	birth
2	message	6	prepare
3	worm	7	happen
4	less	8	tower

C

1	center	5	average
2	cracks	6	extra
3	ocean	7	set
4	surveyed	8	birth

D

1	③ ocean	4	④ prepare
2	④ happen	5	① survey
3	② extra	6	① found

E

1 happen 일어나다, 발생하다
2 message 메시지, 전갈
3 found 설립하다
4 average 평균의, 보통의, 평균
5 prepare 준비하다, 대비하다
6 crack 금이 가다, 깨지다, 금, (갈라진) 틈
7 sour 맛이 신, 시큼한
8 less 더 적은, 덜 ~한, 더 적게, 덜
9 birth 탄생, 출산
10 tower 탑
11 survey (설문) 조사, 조사하다, 점검하다
12 center 중앙, 중심, 가운데
13 roast 굽다, 볶다, 구운
14 ocean 대양, 바다
15 worm (땅 속에 사는) 벌레
16 drama 드라마, 연극
17 set 놓다, 정하다, (기기를) 맞추다
18 extra 추가의, 여분의

A

1 날개
2 공간, 장소, 우주
3 강력한, 힘 센, 영향력 있는
4 사실, 진실
5 다루다, 처리하다, 손잡이
6 그늘, 어둠, 그림자
7 이미, 벌써
8 다루다, 대하다, 대접하다
9 ceiling
10 metal
11 language
12 freedom
13 symbol
14 crazy
15 blind
16 oil

B

1 freedom
2 metal
3 blind
4 dive
5 space
6 powerful
7 oil
8 crazy

C

1 wings
2 rolling
3 symbol
4 shadow
5 facts
6 treat
7 Oil
8 handle

D

1 ① powerful
2 ② handle
3 ③ symbol
4 ④ space
5 ② treat
6 ③ language

E

1 blind 눈이 먼, 장님의
2 powerful 강력한, 힘 센, 영향력 있는
3 ceiling 천장
4 shadow 그늘, 어둠, 그림자
5 symbol 상징(물), 부호
6 already 이미, 벌써
7 wing 날개
8 roll 구르다, 굴리다, 통, 두루마리
9 crazy 미친, 정상이 아닌
10 freedom 자유
11 metal 금속
12 dive 뛰어들다, 다이빙하다, 잠수하다
13 treat 다루다, 대하다, 대접하다
14 handle 다루다, 처리하다, 손잡이
15 space 공간, 장소, 우주
16 fact 사실, 진실
17 oil 기름, 석유
18 language 언어, 말

A

1 튀기다, 굽다
2 사각형 덩어리, 한 구획, 막다
3 지혜로운, 슬기로운, 현명한
4 또한, ~도, 뿐만 아니라
5 명령, 순서, 주문, 주문하다, 명령하다
6 사슬, 쇠줄, (식당 등의) 체인
7 체계, 장치, 제도
8 경비(요원), 감시, 지키다, 보호하다
9 jaw
10 fair
11 cross
12 during
13 rope
14 storm
15 million
16 trouble

B

1 also
2 system
3 guard
4 jaw
5 print
6 rope
7 shake
8 trouble

C

1 order
2 million
3 during
4 storm
5 wise
6 blocks
7 fair
8 cross

D

1 ① system
2 ④ order
3 ② wise
4 ② cross
5 ③ fair
6 ③ shake

E

1 fair 타당한, 공정한, 박람회
2 order 명령, 순서, 주문, 주문하다, 명령하다
3 also 또한, ~도, 뿐만 아니라
4 million 100만
5 rope 밧줄, 줄
6 fry 튀기다, 굽다
7 storm 폭풍, 폭풍우
8 block 사각형 덩어리, 한 구획, 막다
9 trouble 곤란, 문제, 말썽
10 jaw 턱
11 system 체계, 장치, 제도
12 chain 사슬, 쇠줄, (식당 등의) 체인
13 wise 지혜로운, 슬기로운, 현명한
14 shake 흔들다, 흔들리다
15 guard 경비(요원), 감시, 지키다, 보호하다
16 cross 건너다, 횡단하다
17 print 인쇄하다, 찍다, 출판(물), 활자
18 during ~ 동안, ~ 중에

A

1	기회, 가능성	9	furniture
2	군중, 인파, 무리	10	university
3	생각, 마음, 상관하다, 꺼리다	11	leave
4	비비다, 문지르다	12	shape
5	꼬리	13	blow
6	틀린, 거짓의, 가짜의	14	partner
7	간절히 바라는, 열망하는, 열심인	15	wooden
8	잠이 든, 자고 있는	16	prison

B

1	false	5	rub
2	furniture	6	shape
3	heat	7	tail
4	prison	8	university

C

1	eager	5	blow
2	mind	6	crowd
3	asleep	7	sports
4	leaves	8	chance

D

1	④ chance	4	② prison
2	② eager	5	④ leave
3	① mind	6	③ rub

E

1 leave 출발하다, 떠나다, 남겨 두다
2 furniture 가구
3 shape 모양, 형태, 상태
4 mind 생각, 마음, 상관하다, 꺼리다
5 asleep 잠이 든, 자고 있는
6 sport 경기, 스포츠, 운동
7 eager 간절히 바라는, 열망하는, 열심인
8 partner 파트너, 상대, 동반자
9 heat 열(기), 더위, 데우다
10 blow 불다, (바람이) 불다
11 university (종합)대학
12 prison 감옥, 교도소
13 chance 기회, 가능성
14 wooden 나무로 된, 목재의
15 false 틀린, 거짓의, 가짜의
16 tail 꼬리
17 crowd 군중, 인파, 무리
18 rub 비비다, 문지르다

A

1	유행, 인기, 패션	9	earn
2	더 못한, 더 악화된	10	gallery
3	빌려주다	11	mistake
4	상, 상품, 경품	12	crown
5	찢다, 뜯다, 눈물	13	stage
6	끓다, 끓이다, 삶다	14	history
7	작가, 저자	15	package
8	도표, 차트	16	rude

B

1	stage	5	share
2	earn	6	worse
3	tube	7	tears
4	fashion	8	prize

C

1	mistake	5	boil
2	sharing	6	chart
3	rude	7	worse
4	lend	8	history

D

1	④ boil	4	③ earn
2	① history	5	③ share
3	② rude	6	④ mistake

E

1 fashion 유행, 인기, 패션
2 history 역사, 역사학
3 mistake 실수, 잘못, 오류
4 author 작가, 저자
5 prize 상, 상품, 경품
6 earn 돈을 벌다, 받다, 얻다
7 share 함께 쓰다, 공유하다, 나누다
8 lend 빌려주다
9 boil 끓다, 끓이다, 삶다
10 tear 찢다, 뜯다, 눈물
11 package 소포
12 gallery 미술관, 화랑
13 stage 단계, 시기, 무대
14 chart 도표, 차트
15 worse 더 못한, 더 악화된
16 rude 무례한, 버릇 없는
17 tube 튜브, 관
18 crown 왕관

Day 19 Exercise   pp. 120-121

A

1 잔인한, 잔혹한
2 뼈
3 문장, 형벌, 선고
4 맛, 맛이 나다, 맛을 보다
5 지역, 구역, 분야
6 여성, 암컷, 여성의, 암컷의
7 고무
8 곡, 곡조, 선율, 조율하다
9 pain
10 forgive
11 mix
12 wild
13 hole
14 stamp
15 ladder
16 choice

B

1 tune
2 bone
3 produce
4 pain
5 stamps
6 sentence
7 hole
8 ladder

C

1 Forgive
2 taste
3 either
4 area
5 wild
6 Mix
7 choice
8 cruel

D

1 ② wild
2 ② pain
3 ③ cruel
4 ① choice
5 ③ forgive
6 ④ produce

E

1 female 여성, 암컷, 여성의, 암컷의
2 bone 뼈
3 mix 섞다, 섞이다
4 hole 구멍, 구덩이
5 choice 선택, 선택권
6 produce 생산하다, 만들다, (영화 등을) 제작하다
7 ladder 사다리
8 sentence 문장, 형벌, 선고
9 area 지역, 구역, 분야
10 pain 통증, 아픔, 고통
11 taste 맛, 맛이 나다, 맛을 보다
12 either 어느 하나(의), 각각(의), ~도 또한
13 stamp 우표, 도장
14 forgive 용서하다
15 tune 곡, 곡조, 선율, 조율하다
16 cruel 잔인한, 잔혹한
17 wild 야생의
18 rubber 고무

Day 20 Exercise   pp. 126-127

A

1 자랑스러워하는, 자랑스러운
2 영화관, 극장
3 (미국의) 주, 국가, 상태
4 형(태), 유형, 종류, 타자를 치다
5 느슨한, 풀린, 헐렁한
6 팔꿈치
7 궁전
8 규칙, 다스리다, 통치하다
9 wrap
10 horizon
11 tease
12 gas
13 shell
14 mud
15 borrow
16 fence

B

1 curious
2 mud
3 elbow
4 wrap
5 fence
6 band
7 horizon
8 rule

C

1 gas
2 curious
3 teasing
4 state
5 loose
6 proud
7 borrow
8 types

D

1 ③ proud
2 ② curious
3 ② tease
4 ④ horizon
5 ① borrow
6 ③ rule

E

1 gas 기체, 가스, 휘발유
2 fence 담, 울타리
3 tease 놀리다, 괴롭히다
4 band 악단, 밴드, 끈
5 horizon 수평선, 지평선
6 palace 궁전
7 state (미국의) 주, 국가, 상태
8 borrow 빌리다
9 rule 규칙, 다스리다, 통치하다
10 loose 느슨한, 풀린, 헐렁한
11 type 형(태), 유형, 종류, 타자를 치다
12 cinema 영화관, 극장
13 wrap 포장하다, 싸다
14 mud 진흙, 진흙탕
15 shell 껍데기, 껍질
16 curious 궁금한, 호기심이 많은
17 proud 자랑스러워하는, 자랑스러운
18 elbow 팔꿈치

Day 21 Exercise
pp. 132-133

A

1 영리한, 똑똑한
2 눕다, 거짓말하다, 거짓말
3 (발)걸음, 단계
4 사장, 상사, 상관
5 (빵 등을) 굽다
6 손목
7 안전한
8 (그 밖의) 다른, 그 밖에
9 uniform
10 medicine
11 teenage
12 shine
13 project
14 custom
15 festival
16 gather

B

1 uniform
2 clever
3 host
4 bake
5 shine
6 wrist
7 festival
8 medicine

C

1 gathered
2 custom
3 lie
4 step
5 else
6 safe
7 project
8 Pardon

D

1 ④ lie
2 ② clever
3 ② gather
4 ① uniform
5 ④ safe
6 ③ custom

E

1 project 기획, 계획, 과제
2 gather 모으다, 모이다
3 safe 안전한
4 host (파티 등의) 주인, 주최자
5 bake (빵 등을) 굽다
6 pardon 용서하다, 뭐라고요
7 custom 관습, 풍습
8 uniform 제복, 유니폼
9 shine 빛나다, 반짝이다
10 boss 사장, 상사, 상관
11 wrist 손목
12 lie 눕다, 거짓말하다, 거짓말
13 teenage 십대의
14 clever 영리한, 똑똑한
15 festival 축제
16 step (발)걸음, 단계
17 medicine 약, 의학
18 else (그 밖의) 다른, 그 밖에

Day 22 Exercise
pp. 138-139

A

1 붙이다, 붙다, 막대기
2 균형, 균형을 유지하다
3 판매, 할인 판매
4 불가사의, 신비, 수수께끼
5 독특한, 특별한, 유일한
6 충격, 충격을 주다
7 일반적인, 보편적인
8 들판, 분야, 경기장
9 climb
10 huge
11 danger
12 protect
13 list
14 bottom
15 emotion
16 temple

B

1 list
2 yard
3 general
4 shock
5 field
6 sale
7 emotions
8 huge

C

1 balance
2 part
3 unique
4 mysteries
5 climb
6 protects
7 danger
8 bottom

D

1 ④ danger
2 ② unique
3 ① huge
4 ③ mystery
5 ② protect
6 ② emotion

E

1 balance 균형, 균형을 유지하다
2 protect 보호하다, 지키다
3 huge 거대한, 엄청난
4 sale 판매, 할인 판매
5 bottom 맨 아래, 바닥
6 stick 붙이다, 붙다, 막대기
7 general 일반적인, 보편적인
8 part 일부, 부분
9 list 목록, 명단
10 climb 오르다, 올라가다
11 unique 독특한, 특별한, 유일한
12 field 들판, 분야, 경기장
13 shock 충격, 충격을 주다
14 yard 마당, 뜰
15 danger 위험
16 temple 절, 사원
17 mystery 불가사의, 신비, 수수께끼
18 emotion 감정, 정서

A

1 (총 등을) 쏘다, 발사하다	9 cloth
2 (상품의) 한 개, (구성) 단위	10 promise
3 사냥하다, 찾다, 사냥	11 enemy
4 자기 자신의, 소유하다	12 gift
5 모래, 모래사장	13 dead
6 손톱, 발톱, 못	14 file
7 끔찍한, 무서운, 심한	15 special
8 절하다, 고개를 숙이다, 절	16 level

B

1 dead	5 gift
2 unit	6 shoot
3 background	7 sand
4 nails	8 bow

C

1 special	5 own
2 level	6 file
3 enemies	7 nail
4 yet	8 promises

D

1 ② terrible	4 ④ gift
2 ① bow	5 ③ enemy
3 ③ special	6 ② promise

E

1 bow 절하다, 고개를 숙이다, 절
2 promise 약속하다, 약속
3 level 수준, 단계, 높이
4 nail 손톱, 발톱, 못
5 shoot (총 등을) 쏘다, 발사하다
6 background (사진, 일, 개인 등의) 배경
7 terrible 끔찍한, 무서운, 심한
8 gift 선물, 재능
9 yet (부정문) 아직, (의문문) 이미, 벌써
10 cloth 옷감, 천
11 unit (상품의) 한 개, (구성) 단위
12 file 파일, 기록, 서류
13 special 특별한, 특수한
14 dead 죽은
15 sand 모래, 모래사장
16 hunt 사냥하다, 찾다, 사냥
17 own 자기 자신의, 소유하다
18 enemy 적, 적군

A

1 것, 물건, 일	9 youth
2 공공의, 대중의, 대중, 일반인	10 patient
3 호텔	11 judge
4 신뢰, 믿다, 신뢰하다	12 giant
5 동아리, 클럽, 동호회	13 bowl
6 소리 지르다, 외치다, 외침	14 energy
7 결정하다, 결심하다	15 nation
8 마지막의, 최종적인, 결승전	16 stove

B

1 public	5 bowl
2 save	6 finals
3 youth	7 shout
4 trust	8 patient

C

1 things	5 judge
2 giant	6 ice
3 public	7 decided
4 saving	8 energy

D

1 ① save	4 ② decide
2 ④ patient	5 ① final
3 ③ trust	6 ② public

E

1 bowl 그릇, 사발
2 nation 나라, 국가
3 judge 판사, 판단하다
4 youth 젊음, 청춘, 젊은이
5 club 동아리, 클럽, 동호회
6 patient 환자, 참을성 있는
7 ice 얼음
8 shout 소리 지르다, 외치다, 외침
9 public 공공의, 대중의, 대중, 일반인
10 decide 결정하다, 결심하다
11 stove 난로, 스토브
12 hotel 호텔
13 trust 신뢰, 믿다, 신뢰하다
14 energy 힘, 활기, 에너지
15 thing 것, 물건, 일
16 giant 거대한, 거인
17 save 아끼다, 구하다, 저축하다
18 final 마지막의, 최종적인, 결승전

메모해요!

메모해요!

지은이 이나영

초판 1쇄 발행 2013년 07월 01일
초판 13쇄 발행 2025년 10월 27일

편집장 조미자
책임편집 김미경 · 정진희 · 권민정
표지디자인 김교빈 ▎**디자인** 김교빈 · 박수남
인쇄 북토리
녹음 대신미디어

펴낸이 정규도
펴낸곳 Happy House, an imprint of DARAKWON
주소 경기도 파주시 문발로 211 다락원 빌딩
전화 02-736-2031 (내선 250)
팩스 02-732-2037
출판등록 1977년 9월 16일 제406-2008-000007호

Copyright © 2013, 이나영

저자 및 출판사의 허락 없이 이 책의 일부 또는 전부를 무단 복제 · 전재 · 발췌할 수 없습니다. 구입 후 철회는 회사 내규에 부합하는 경우에 가능하므로 구입문의처에 문의하시기 바랍니다. 분실 · 파손 등에 따른 소비자 피해에 대해서는 공정거래위원회에서 고시한 소비자 분쟁 해결 기준에 따라 보상 가능합니다. 잘못된 책은 바꿔 드립니다.

ISBN 978-89-6653-093-9 68740

Daily Test, 영영풀이 Test, Audio Script, MP3 파일 무료 다운로드 **www.ihappyhouse.co.kr**
*Happy House는 다락원의 임프린트입니다.

Index
색인

Power Voca
Workbook

중급

Happy House

abroad 閏 해외로, 해외에(서)			
brain 圄 뇌			
coin 圄 동전			
comb 통 빗질하다 圄 빗			
decorate 통 장식하다, 꾸미다			
engine 圄 엔진, 기관, 기관차			
fit 통 (꼭) 맞다, 어울리다 圈 적합한, 알맞은			
goal 圄 목표, (경기의) 골, 득점			
imagine 통 상상하다			
machine 圄 기계			
neat 圈 단정한, 정돈된, 깔끔한			
peace 圄 평화			
punish 통 벌주다, 처벌하다			
schedule 圄 일정, 스케줄			
shower 圄 샤워(하기), 샤워기, 소나기			
strange 圈 이상한, 낯선			
thread 圄 실			
useful 圈 유용한, 쓸모 있는			

영어		우리말
machine	명	
goal	명	
abroad	부	
useful	형	
schedule	명	
punish	동	
engine	명	
brain	명	
neat	형	
peace	명	
comb	동 명	
thread	명	
coin	명	
imagine	동	
decorate	동	
strange	형	
shower	명	
fit	동 형	

	우리말	영어
명	일정, 스케줄	
명	샤워(하기), 샤워기, 소나기	
명	기계	
형	이상한, 낯선	
동	벌주다, 처벌하다	
동	(꼭) 맞다, 어울리다 형 적합한, 알맞은	
동	장식하다, 꾸미다	
부	해외로, 해외에(서)	
동	상상하다	
형	유용한, 쓸모 있는	
명	목표, (경기의) 골, 득점	
명	실	
명	엔진, 기관, 기관차	
명	뇌	
동	빗질하다 명 빗	
형	단정한, 정돈된, 깔끔한	
명	평화	
명	동전	

Workbook DAY 02

다음 영어단어의 의미를 생각하면서 3번씩 쓰세요.

accident 명 사고, 우연			
barber 명 이발사			
branch 명 나뭇가지, 지점			
collect 동 모으다, 수집하다			
deliver 동 배달하다, 전하다			
enter 동 들어가다(오다)			
flat 형 평평한, 납작한, 바람이 빠진			
god 명 신, (G~) 하나님			
insect 명 곤충, 벌레			
marry 동 결혼하다			
nature 명 자연			
pearl 명 진주			
race 명 경주, 경기, 인종			
scold 동 야단치다, 꾸짖다			
shy 형 수줍어하는, 부끄러움을 타는			
straw 명 지푸라기, 빨대			
throat 명 목, 목구멍			
usual 형 평상시의, 보통의, 일상의			

marry	동			명 사고, 우연	
pearl	명			명 곤충, 벌레	
throat	명			명 경주, 경기, 인종	
accident	명			명 이발사	
scold	동			명 목, 목구멍	
usual	형			형 평평한, 납작한, 바람이 빠진	
barber	명			명 지푸라기, 빨대	
deliver	동			명 나뭇가지, 지점	
shy	형			동 야단치다, 꾸짖다	
branch	명			명 신, (G~) 하나님	
straw	명			명 진주	
god	명			동 모으다, 수집하다	
enter	동			동 들어가다(오다)	
nature	명			형 수줍어하는, 부끄러움을 타는	
collect	동			동 결혼하다	
race	명			동 배달하다, 전하다	
insect	명			형 평상시의, 보통의, 일상의	
flat	형			명 자연	

다음 영어단어의 의미를 생각하면서 3번씩 쓰세요.

ache 통 아프다 명 아픔			
basic 형 기초적인, 기본적인			
brave 형 용감한			
college 명 (단과)대학			
desert 명 사막			
envy 통 부러워하다 명 부러움, 선망			
float 통 (물 위에) 뜨다, 떠다니다			
golden 형 황금빛의, 금으로 만든			
introduce 통 소개하다			
magic 명 마법, 마술 형 마법의			
needle 명 바늘			
percent 명 퍼센트(%), 백분			
raincoat 명 비옷			
score 명 점수, 득점 통 득점하다			
smoke 명 연기 통 담배를 피우다, 연기가 나다			
stress 명 스트레스, 강조 통 강조하다			
thick 형 두꺼운, 굵은, 진한			
valley 명 계곡, 골짜기			

영어	품사		우리말	영어
percent	명		동 (물 위에) 뜨다, 떠다니다	
ache	동 명		명 비옷	
raincoat	명		동 아프다 명 아픔	
float	동		명 점수, 득점 동 득점하다	
smoke	명 동		형 황금빛의, 금으로 만든	
basic	형		형 기초적인, 기본적인	
valley	명		형 두꺼운, 굵은, 진한	
introduce	동		명 연기 동 담배를 피우다, 연기가 나다	
stress	명 동		형 용감한	
brave	형		동 소개하다	
thick	형		명 계곡, 골짜기	
golden	형		명 (단과)대학	
score	명 동		명 스트레스, 강조 동 강조하다	
college	명		명 마법, 마술 형 마법의	
magic	명 형		명 사막	
envy	동 명		명 퍼센트(%), 백분	
needle	명		명 바늘	
desert	명		동 부러워하다 명 부러움, 선망	

8

다음 영어단어의 의미를 생각하면서 3번씩 쓰세요.

across 전 ~의 건너에 부 가로질러, 맞은편에			
battle 명 전투, 싸움			
brick 명 벽돌			
common 형 흔한, 평범한, 공통의			
design 동 디자인하다, 설계하다 명 디자인, 무늬			
essay 명 수필, 과제물			
focus 동 집중하다, 초점을 맞추다 명 초점			
guide 명 안내원, 안내서 동 안내하다			
interview 명 면접, 인터뷰 동 인터뷰하다			
male 명 남성, 수컷 형 남성의, 수컷의			
neighbor 명 이웃, 이웃 사람			
pilot 명 조종사, 비행사			
ray 명 광선			
scream 명 비명 동 비명을 지르다, 소리치다			
signal 명 신호 동 신호를 보내다			
strike 동 부딪히다, 치다, 때리다			
thumb 명 엄지손가락			
various 형 다양한, 여러 가지의			

영어	품사	우리말		우리말	영어
focus	동 / 명			형 흔한, 평범한, 공통의	
across	전 / 부			명 수필, 과제물	
scream	명 / 동			명 조종사, 비행사	
guide	명 / 동			전 ~의 건너에 부 가로질러, 맞은편에	
battle	명			명 광선	
pilot	명			명 면접, 인터뷰 동 인터뷰하다	
thumb	명			동 부딪히다, 치다, 때리다	
brick	명			명 전투, 싸움	
various	형			명 이웃, 이웃 사람	
interview	명 / 동			형 다양한, 여러 가지의	
common	형			동 디자인하다, 설계하다 명 디자인, 무늬	
strike	동			명 엄지손가락	
ray	명			명 벽돌	
male	명 / 형			명 비명 동 비명을 지르다, 소리치다	
design	동 / 명			명 남성, 수컷 형 남성의, 수컷의	
signal	명 / 동			동 집중하다, 초점을 맞추다 명 초점	
neighbor	명			명 신호 동 신호를 보내다	
essay	명			명 안내원, 안내서 동 안내하다	

active 형 활동적인, 적극적인			
beard 명 턱수염			
burn 동 타다, 태우다, 데다			
complete 형 완전한 동 끝마치다, 완료하다			
destroy 동 파괴하다			
event 명 행사, 사건			
flour 명 (곡물의) 가루, 밀가루			
grave 명 무덤, 묘			
interest 명 관심, 흥미			
manner 명 태도, 방식			
nephew 명 남자 조카			
pleasure 명 기쁨, 즐거움			
reach 동 도착하다, 도달하다, 닿다			
screen 명 화면, 스크린			
service 명 서비스, 봉사			
strip 동 옷을 벗다, (껍질 등을) 벗기다			
tidy 형 깔끔한, 잘 정돈된 동 정리하다			
victory 명 승리			

grave	명		동 타다, 태우다, 데다	
active	형		동 옷을 벗다, (껍질 등을) 벗기다	
manner	명		형 활동적인, 적극적인	
pleasure	명		명 관심, 흥미	
beard	명		형 완전한 동 끝마치다, 완료하다	
screen	명		명 서비스, 봉사	
service	명		명 턱수염	
burn	동		명 기쁨, 즐거움	
tidy	형 동		동 도착하다, 도달하다, 닿다	
complete	형 동		동 파괴하다	
reach	동		형 깔끔한, 잘 정돈된 동 정리하다	
strip	동		명 승리	
destroy	동		명 행사, 사건	
victory	명		명 남자 조카	
event	명		명 화면, 스크린	
nephew	명		명 (곡물의) 가루, 밀가루	
flour	명		명 태도, 방식	
interest	명		명 무덤, 묘	

다음 영어단어의 의미를 생각하면서 3번씩 쓰세요.

add 통 첨가하다, 더하다			
beat 통 치다, 때리다, 이기다			
business 명 사업, 장사, 일, 업무			
concert 명 연주회, 음악회			
dictionary 명 사전			
everybody 대 모든 사람, 누구든지			
flood 통 범람시키다 명 홍수			
ground 명 땅바닥, 땅, 토양			
invent 통 발명하다			
magazine 명 잡지			
nervous 형 긴장이 되는, 불안한			
poem 명 시			
real 형 진짜의, 실제의, 진정한			
secret 명 비밀 형 비밀의			
skin 명 피부, 가죽			
stripe 명 줄무늬			
tight 형 꽉 조이는, 단단한, 빠듯한			
warn 통 경고하다, 주의를 주다			

영어	품사		품사	우리말	
dictionary	명		명	줄무늬	
flood	동 명		동	경고하다, 주의를 주다	
add	동		명	사전	
magazine	명		동	범람시키다 명 홍수	
real	형		형	긴장이 되는, 불안한	
beat	동		동	첨가하다, 더하다	
stripe	명		형	꽉 조이는, 단단한, 빠듯한	
skin	명		형	진짜의, 실제의, 진정한	
business	명		동	치다, 때리다, 이기다	
secret	명 형		명	연주회, 음악회	
nervous	형		명	잡지	
everybody	대		명	사업, 장사, 일, 업무	
warn	동		명	시	
concert	명		동	발명하다	
ground	명		대	모든 사람, 누구든지	
tight	형		명	비밀 형 비밀의	
poem	명		명	피부, 가죽	
invent	동		명	땅바닥, 땅, 토양	

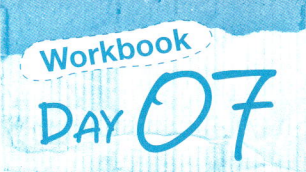
다음 영어단어의 의미를 생각하면서 3번씩 쓰세요.

admire 동 존경하다, 칭찬하다			
beauty 명 아름다움, 미인			
calm 형 침착한, 차분한 동 진정시키다			
contest 명 대회, 시합			
dig 동 (땅을) 파다, 파내다			
everything 대 모든 것, 모두			
fold 동 접다			
healthy 형 건강한, 건강에 좋은			
iron 명 쇠, 철, 다리미 동 다리미질 하다			
match 명 경기, 시합, 성냥 동 어울리다			
nest 명 둥지, 보금자리			
pole 명 장대, (지구의) 극			
reason 명 이유, 까닭			
seed 명 씨앗, 씨			
sleeve 명 소매			
stupid 형 어리석은, 멍청한			
title 명 제목			
view 명 견해, 전망, 경치			

영어단어	품사		품사	우리말
everything	대		형	건강한, 건강에 좋은
stupid	형		명	제목
admire	동		명	대회, 시합
healthy	형		명	씨앗, 씨
match	명 동		동	존경하다, 칭찬하다
beauty	명		명	소매
reason	명		형	어리석은, 멍청한
contest	명		대	모든 것, 모두
seed	명		명	아름다움, 미인
calm	형 동		동	접다
view	명		명 경기, 시합, 성냥 동 어울리다	
dig	동		명	둥지, 보금자리
pole	명		형 침착한, 차분한 동 진정시키다	
fold	동		명 쇠, 철, 다리미 동 다리미질 하다	
title	명		명	견해, 전망, 경치
iron	명 동		동	(땅을) 파다, 파내다
sleeve	명		명	이유, 까닭
nest	명		명	장대, (지구의) 극

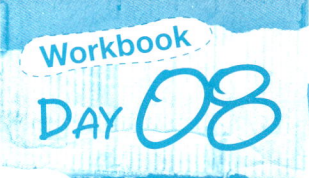

Workbook

Day 08

다음 영어단어의 의미를 생각하면서 3번씩 쓰세요.

adult 명 어른, 성인 형 다 자란, 성인의			
behind 전 ~ 뒤에, ~에 뒤떨어진 부 뒤에			
camp 명 캠프, 야영 동 야영하다			
conversation 명 대화, 회화			
discuss 동 의논하다, 논의하다			
exchange 명 교환 동 교환하다, 바꾸다			
follow 동 따라가다(오다), 따르다			
guest 명 손님			
island 명 섬			
meal 명 식사, 끼니			
net 명 그물, 망, 네트			
popular 형 인기 있는, 대중적인			
regular 형 규칙적인, 정기적인			
self 명 자아, 자신			
smart 형 영리한, 똑똑한			
style 명 방식, 스타일, 유행			
tip 명 봉사료, 조언, (뾰족한) 끝			
waste 동 낭비하다 명 쓰레기, 낭비			

영어	품사		뜻	답
follow	동		명 방식, 스타일, 유행	
adult	명 형		전 ~ 뒤에, ~에 뒤떨어진 부 뒤에	
regular	형		형 영리한, 똑똑한	
conversation	명		동 따라가다(오다), 따르다	
self	명		명 손님	
behind	전 부		동 낭비하다 명 쓰레기, 낭비	
tip	명		명 어른, 성인 형 다 자란, 성인의	
popular	형		명 그물, 망, 네트	
camp	명 동		명 대화, 회화	
waste	동 명		형 규칙적인, 정기적인	
guest	명		명 교환 동 교환하다, 바꾸다	
style	명		명 캠프, 야영 동 야영하다	
discuss	동		명 섬	
smart	형		명 식사, 끼니	
exchange	명 동		형 인기 있는, 대중적인	
net	명		동 의논하다, 논의하다	
meal	명		명 자아, 자신	
island	명		명 봉사료, 조언, (뾰족한) 끝	

다음 영어단어의 의미를 생각하면서 3번씩 쓰세요.

advice 명 충고, 조언			
believe 동 믿다, 생각하다			
cancel 동 취소하다			
copy 동 복사하다 명 복사(본), 한 부			
discussion 명 의논, 논의			
exercise 명 운동, 연습 동 운동하다, 연습하다			
foreign 형 외국의			
grand 형 웅장한, 굉장한, 위대한			
item 명 항목, 품목			
must 조 ~해야 한다, ~임에 틀림없다			
newspaper 명 신문			
pose 명 자세, 포즈 동 자세를 취하다			
relative 명 친척			
sharp 형 날카로운, 예리한, 뾰족한			
sign 명 표지판, 신호 동 서명하다, 신호를 보내다			
subject 명 주제, 과목			
till 전접 ~ (때)까지			
village 명 마을, 촌			

item	명		명 의논, 논의	
pose	명 동		명 친척	
believe	동		동 복사하다 명 복사(본), 한 부	
relative	명		형 날카로운, 예리한, 뾰족한	
copy	동 명		명 항목, 품목	
subject	명		동 믿다, 생각하다	
advice	명		명 표지판, 신호 동 서명하다, 신호를 보내다	
till	전 접		형 외국의	
grand	형		명 자세, 포즈 동 자세를 취하다	
sharp	형		조 ~해야 한다, ~임에 틀림없다	
discussion	명		명 마을, 촌	
must	조		명 충고, 조언	
sign	명 동		전 접 ~ (때)까지	
exercise	명 동		동 취소하다	
foreign	형		명 신문	
village	명		형 웅장한, 굉장한, 위대한	
cancel	동		명 운동, 연습 동 운동하다, 연습하다	
newspaper	명		명 주제, 과목	

20

afraid 형 두려워하는, 걱정하는			
bell 명 종, 종소리, 초인종			
captain 명 선장, 기장, 주장			
cotton 명 면, 솜			
disease 명 질병, 병			
exhibit 동 전시하다 명 전시품, 전시회			
forest 명 숲, 산림			
habit 명 버릇, 습관			
lazy 형 게으른, 나태한			
melt 동 녹다, 녹이다			
normal 형 평범한, 보통의, 정상적인			
position 명 자세, 자리, 입장			
report 명 보고(서), 보도 동 알리다, 보도하다			
sense 명 감각, 느낌			
soap 명 비누			
succeed 동 성공하다, 뒤를 잇다			
tool 명 도구, 연장			
war 명 전쟁, 전투			

habit	명	명 도구, 연장	
cotton	명	형 두려워하는, 걱정하는	
melt	동	형 평범한, 보통의, 정상적인	
sense	명	명 전쟁, 전투	
afraid	형	명 면, 솜	
succeed	동	명 보고(서), 보도 동 알리다, 보도하다	
exhibit	동 명	명 버릇, 습관	
war	명	동 성공하다, 뒤를 잇다	
bell	명	명 선장, 기장, 주장	
normal	형	명 감각, 느낌	
soap	명	동 전시하다 명 전시품, 전시회	
captain	명	명 자세, 자리, 입장	
lazy	형	명 종, 종소리, 초인종	
tool	명	명 질병, 병	
forest	명	명 비누	
report	명 동	동 녹다, 녹이다	
disease	명	형 게으른, 나태한	
position	명	명 숲, 산림	

다음 영어단어의 의미를 생각하면서 3번씩 쓰세요.

alive 형 살아있는, 활기 넘치는			
below 전 ~ 아래에, ~ 이하의 부 아래에			
cash 명 현금			
cough 명 기침 동 기침하다			
drawer 명 서랍			
exit 명 출구			
forever 부 영원히			
hall 명 홀, 넓은 방, 복도, 현관			
joke 명 농담 동 농담하다			
member 명 회원, 구성원			
noon 명 정오, 낮 12시			
pour 동 따르다, 마구 쏟아지다			
respect 명 존경, 존중 동 존경하다, 존중하다			
series 명 연속, 시리즈			
soil 명 토양, 흙			
successful 형 성공적인, 성공한			
topic 명 주제, 화제			
weigh 동 무게가 ~이다, 무게를 재다			

영어	품사		뜻	영어
forever	부		명 회원, 구성원	
pour	동		명 토양, 흙	
cough	명 동		명 홀, 넓은 방, 복도, 현관	
member	명		형 성공적인, 성공한	
series	명		동 무게가 ~이다, 무게를 재다	
alive	형		부 영원히	
soil	명		동 따르다, 마구 쏟아지다	
cash	명		명 기침 동 기침하다	
respect	명 동		명 농담 동 농담하다	
hall	명		명 주제, 화제	
successful	형		명 현금	
drawer	명		형 살아있는, 활기 넘치는	
topic	명		명 정오, 낮 12시	
joke	명 동		명 서랍	
weigh	동		명 출구	
below	전 부		명 존경, 존중 동 존경하다, 존중하다	
exit	명		명 연속, 시리즈	
noon	명		전 ~ 아래에, ~ 이하의 부 아래에	

다음 영어단어의 의미를 생각하면서 3번씩 쓰세요.

allow 동 허락하다, 허용하다			
bill 명 청구서, 계산서, 지폐			
cave 명 동굴			
couple 명 두 사람(개), 한 쌍, 부부			
dot 명 점			
explain 동 설명하다, 해명하다			
garage 명 차고, 주차장			
headache 명 두통			
luck 명 운, 행운			
memory 명 기억력, 기억			
northern 형 북쪽의, 북부의			
power 명 힘, 능력, 에너지			
return 동 돌아오다(가다), 돌려주다			
serve 동 제공하다, 시중들다, 섬기다			
soldier 명 군인, 병사			
suffer 동 고통을 받다			
total 형 완전한, 전체의 명 합계, 총액			
western 형 서쪽의, (W~) 서양의			

영어	품사	뜻		품사	뜻	영어
garage	명			동	고통을 받다	
luck	명			동	설명하다, 해명하다	
allow	동			명	군인, 병사	
serve	동			형명	완전한, 전체의 / 합계, 총액	
power	명			명	운, 행운	
bill	명			동	돌아오다(가다), 돌려주다	
suffer	동			동	허락하다, 허용하다	
dot	명			형	서쪽의, (W~) 서양의	
soldier	명			명	힘, 능력, 에너지	
cave	명			명	차고, 주차장	
western	형			형	북쪽의, 북부의	
explain	동			명	청구서, 계산서, 지폐	
total	형 명			명	기억력, 기억	
couple	명			명	두통	
return	동			명	점	
memory	명			동	제공하다, 시중들다, 섬기다	
northern	형			명	동굴	
headache	명			명	두 사람(개), 한 쌍, 부부	

along 전 ~을 따라 부 함께, 앞으로			
billion 명 10억			
certain 형 확신하는, 확실한, 어떤			
course 명 강의, 항로, 방향, 과정			
double 형 두 배의, 2인용의, 이중의 명 두 배			
express 동 표현하다, 나타내다 형 급행의			
form 명 형태, 종류, 방식, 서식			
hang 동 걸다, 매달다			
kill 동 죽이다			
mess 명 엉망인 상태(상황)			
note 명 메모, 쪽지, 기록, 필기			
principal 형 주된, 주요한 명 교장			
rise 동 오르다, 증가하다 명 증가, 상승			
simple 형 간단한, 단순한			
solve 동 해결하다, 풀다			
suit 명 정장, ~옷 동 맞다, 어울리다			
tour 명 여행, 관광 동 여행하다			
wheel 명 바퀴			

영어	품사	우리말		품사	영어
kill	동		명 형태, 종류, 방식, 서식		
billion	명		형 주된, 주요한 명 교장		
form	명		형 간단한, 단순한		
mess	명		명 10억		
along	전 부		동 해결하다, 풀다		
principal	형 명		명 강의, 항로, 방향, 과정		
simple	형		명 정장, ~옷 동 맞다, 어울리다		
certain	형		전 ~을 따라 부 함께, 앞으로		
tour	명 동		명 바퀴		
express	동 형		동 죽이다		
solve	동		형 확신하는, 확실한, 어떤		
course	명		명 엉망인 상태(상황)		
wheel	명		명 메모, 쪽지, 기록, 필기		
hang	동		동 표현하다, 나타내다 형 급행의		
suit	명 동		동 오르다, 증가하다 명 증가, 상승		
double	형 명		명 여행, 관광 동 여행하다		
rise	동 명		동 걸다, 매달다		
note	명		형 두 배의, 2인용의, 이중의 명 두 배		

Workbook DAY 14 다음 영어단어의 의미를 생각하면서 3번씩 쓰세요.

average 형 평균의, 보통의 명 평균			
birth 명 탄생, 출산			
center 명 중앙, 중심, 가운데			
crack 동 금이 가다, 깨다 명 금, (갈라진) 틈			
drama 명 드라마, 연극			
extra 형 추가의, 여분의			
found 동 설립하다			
happen 동 일어나다, 발생하다			
less 형 더 적은, 덜 ~한 부 더 적게, 덜			
message 명 메시지, 전갈			
ocean 명 대양, 바다			
prepare 동 준비하다, 대비하다			
roast 동 굽다, 볶다 형 구운			
set 동 놓다, 정하다, (기기를) 맞추다			
sour 형 맛이 신, 시큼한			
survey 명 (설문) 조사 동 조사하다, 점검하다			
tower 명 탑			
worm 명 (땅 속에 사는) 벌레			

영어	품사			뜻	답
extra	형		명	중앙, 중심, 가운데	
ocean	명		동	굽다, 볶다 형 구운	
average	형 명		명	탑	
less	형 부		동	놓다, 정하다, (기기를) 맞추다	
sour	형		형	평균의, 보통의 명 평균	
birth	명		명	메시지, 전갈	
roast	동 형		형	추가의, 여분의	
tower	명		명	(땅 속에 사는) 벌레	
center	명		명	탄생, 출산	
survey	명 동		동	일어나다, 발생하다	
set	동		동	준비하다, 대비하다	
crack	동 명		명	드라마, 연극	
worm	명		명	대양, 바다	
message	명		동	설립하다	
drama	명 동		동	금이 가다, 깨다 명 금, (갈라진) 틈	
found	동		형	맛이 신, 시큼한	
prepare	동		형	더 적은, 덜 ~한 부 더 적게, 덜	
happen	동		명	(설문) 조사 동 조사하다, 점검하다	

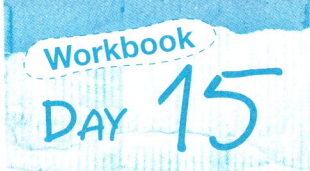

already 부 이미, 벌써			
blind 형 눈이 먼, 장님의			
ceiling 명 천장			
crazy 형 미친, 정상이 아닌			
dive 동 뛰어들다, 다이빙하다, 잠수하다			
fact 명 사실, 진실			
freedom 명 자유			
handle 동 다루다, 처리하다 명 손잡이			
language 명 언어, 말			
metal 명 금속			
oil 명 기름, 석유			
powerful 형 강력한, 힘 센, 영향력 있는			
roll 동 구르다, 굴리다 명 통, 두루마리			
shadow 명 그늘, 어둠, 그림자			
space 명 공간, 장소, 우주			
symbol 명 상징(물), 부호			
treat 동 대하다, 다루다, 대접하다			
wing 명 날개			

영어	품사		뜻	품사	
dive	동		미친, 정상이 아닌	형	
handle	동 명		기름, 석유	명	
metal	명		상징(물), 부호	명	
blind	형		이미, 벌써	부	
roll	동 명		그늘, 어둠, 그림자	명	
crazy	형		사실, 진실	명	
space	명		강력한, 힘 센, 영향력 있는	형	
already	부		대하다, 다루다, 대접하다	동	
treat	동		눈이 먼, 장님의	형	
language	명		날개	명	
symbol	명		다루다, 처리하다 손잡이	동 명	
ceiling	명		뛰어들다, 다이빙하다, 잠수하다	동	
oil	명		공간, 장소, 우주	명	
shadow	명		언어, 말	명	
fact	명		자유	명	
wing	명		천장	명	
powerful	형		구르다, 굴리다 통, 두루마리	동 명	
freedom	명		금속	명	

다음 영어단어의 의미를 생각하면서 3번씩 쓰세요.

also 투 또한, ~도, 뿐만 아니라			
block 명 사각형 덩어리, 한 구획 통 막다			
chain 명 사슬, 쇠줄, (식당 등의) 체인			
cross 통 건너다, 횡단하다			
during 전 ~ 동안, ~ 중에			
fair 형 타당한, 공정한 명 박람회			
fry 통 튀기다, 굽다			
guard 명 경비(요원), 감시 통 지키다, 보호하다			
jaw 명 턱			
million 명 100만			
order 명 명령, 순서, 주문 통 주문하다, 명령하다			
print 통 인쇄하다, 찍다 명 출판(물), 활자			
rope 명 밧줄, 줄			
shake 통 흔들다, 흔들리다			
storm 명 폭풍, 폭풍우			
system 명 체계, 장치, 제도			
trouble 명 곤란, 문제, 말썽			
wise 형 지혜로운, 슬기로운, 현명한			

영어	품사	뜻		뜻	영어
jaw	명			동 흔들다, 흔들리다	
cross	동			전 ~ 동안, ~ 중에	
rope	명			명 곤란, 문제, 말썽	
also	부			명 경비(요원), 감시 동 지키다, 보호하다	
shake	동			명 폭풍, 폭풍우	
fair	형 명			동 건너다, 횡단하다	
block	명 동			명 명령, 순서, 주문 동 주문하다, 명령하다	
system	명			동 튀기다, 굽다	
chain	명 동			동 인쇄하다, 찍다 명 출판(물), 활자	
trouble	명			부 또한, ~도, 뿐만 아니라	
order	명 동			명 턱	
during	전			형 타당한, 공정한　명 박람회	
wise	형			명 밧줄, 줄	
guard	명 동			명 사각형 덩어리, 한 구획 동 막다	
storm	명			명 100만	
print	동 명			명 사슬, 쇠줄, 　(식당 등의) 체인	
fry	동			명 체계, 장치, 제도	
million	명			형 지혜로운, 슬기로운, 　현명한	

Workbook DAY 17

다음 영어단어의 의미를 생각하면서 3번씩 쓰세요.

asleep 혱 잠이 든, 자고 있는			
blow 동 불다, (바람이) 불다			
chance 명 기회, 가능성			
crowd 명 군중, 인파, 무리			
eager 혱 간절히 바라는, 열망하는, 열심인			
false 혱 틀린, 거짓의, 가짜의			
furniture 명 가구			
heat 명 열(기), 더위 동 데우다			
leave 동 출발하다, 떠나다, 남기다			
mind 명 생각, 마음 동 상관하다, 꺼리다			
partner 명 파트너, 상대, 동반자			
prison 명 감옥, 교도소			
rub 동 비비다, 문지르다			
shape 명 모양, 형태, 상태			
sport 명 경기, 스포츠, 운동			
tail 명 꼬리			
university 명 (종합)대학			
wooden 혱 나무로 된, 목재의			

false	형		명	가구	
leave	동		동	비비다, 문지르다	
prison	명		명	경기, 스포츠, 운동	
asleep	형		형	틀린, 거짓의, 가짜의	
shape	명		명	꼬리	
crowd	명		명	생각, 마음 동 상관하다, 꺼리다	
university	명		형	나무로 된, 목재의	
furniture	명		형	잠이 든, 자고 있는	
blow	동		명	(종합)대학	
heat	명 동		형	간절히 바라는, 열망하는, 열심인	
wooden	형		명	모양, 형태, 상태	
chance	명		명	파트너, 상대, 동반자	
tail	명		동	불다, (바람이) 불다	
eager	형		동	출발하다, 떠나다, 남기다	
sport	명		명	군중, 인파, 무리	
mind	명 동		명	감옥, 교도소	
rub	동		명	기회, 가능성	
partner	명		명	열(기), 더위 동 데우다	

Workbook DAY 18

다음 영어단어의 의미를 생각하면서 3번씩 쓰세요.

author 명 작가, 저자			
boil 동 끓다, 끓이다, 삶다			
chart 명 도표, 차트			
crown 명 왕관			
earn 동 돈을 벌다, 받다, 얻다			
fashion 명 유행, 인기, 패션			
gallery 명 미술관, 화랑			
history 명 역사, 역사학			
lend 동 빌려주다			
mistake 명 실수, 잘못, 오류			
package 명 소포			
prize 명 상, 상품, 경품			
rude 형 무례한, 버릇 없는			
share 동 함께 쓰다, 공유하다, 나누다			
stage 명 단계, 시기, 무대			
tear 동 찢다, 뜯다 명 눈물			
tube 명 튜브, 관			
worse 형 더 못한, 더 악화된			

영어	품사		우리말	품사
history	명		실수, 잘못, 오류	명
prize	명		함께 쓰다, 공유하다, 나누다	동
crown	명		빌려주다	동
tear	동 명		튜브, 관	명
earn	동		상, 상품, 경품	명
rude	형		단계, 시기, 무대	명
chart	명		끓다, 끓이다, 삶다	동
package	명		더 못한, 더 악화된	형
tube	명		미술관, 화랑	명
fashion	명		찢다, 뜯다 명 눈물	동
worse	형		왕관	명
mistake	명		무례한, 버릇 없는	형
boil	동		작가, 저자	명
share	동		소포	명
gallery	명		역사, 역사학	명
stage	명		도표, 차트	명
lend	동		유행, 인기, 패션	명
author	명		돈을 벌다, 받다, 얻다	동

다음 영어단어의 의미를 생각하면서 3번씩 쓰세요.

area 명 지역, 구역, 분야			
bone 명 뼈			
choice 명 선택, 선택권			
cruel 형 잔인한, 잔혹한			
either 형 대 어느 하나(의), 각각(의) 부 ~도 또한			
female 명 여성, 암컷 형 여성의, 암컷의			
forgive 통 용서하다			
hole 명 구멍, 구덩이			
ladder 명 사다리			
mix 통 섞다, 섞이다			
pain 명 통증, 아픔, 고통			
produce 통 생산하다, 만들다, (영화 등을) 제작하다			
rubber 명 고무			
sentence 명 문장, 형벌, 선고			
stamp 명 우표, 도장			
taste 명 맛 통 맛이 나다, 맛을 보다			
tune 명 곡, 곡조, 선율 통 조율하다			
wild 형 야생의			

영어	품사	우리말		우리말	답
either	형대 부			명 통증, 아픔, 고통	
hole	명			명 우표, 도장	
produce	동			명 뼈	
choice	명			명 고무	
sentence	명			명 맛 동 맛이 나다, 맛을 보다	
ladder	명			형대 어느 하나(의), 각각(의) 부 ~도 또한	
area	명			명 곡, 곡조, 선율 동 조율하다	
taste	명 동			동 섞다, 섞이다	
female	명 형			형 야생의	
rubber	명			명 선택, 선택권	
cruel	형			명 문장, 형벌, 선고	
tune	명 동			동 용서하다	
bone	명			동 생산하다, 만들다, (영화 등을) 제작하다	
stamp	명			명 구멍, 구덩이	
pain	명			명 여성, 암컷 형 여성의, 암컷의	
forgive	동			명 사다리	
wild	형			명 지역, 구역, 분야	
mix	동			형 잔인한, 잔혹한	

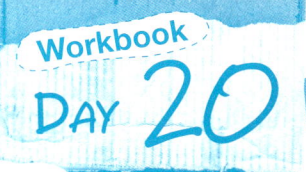
band 명 악단, 밴드, 끈			
borrow 동 빌리다			
cinema 명 영화관, 극장			
curious 형 궁금한, 호기심이 많은			
elbow 명 팔꿈치			
fence 명 담, 울타리			
gas 명 기체, 가스, 휘발유			
horizon 명 수평선, 지평선			
loose 형 느슨한, 풀린, 헐렁한			
mud 명 진흙, 진흙탕			
palace 명 궁전			
proud 형 자랑스러워하는, 자랑스러운			
rule 명 규칙 동 다스리다, 통치하다			
shell 명 껍데기, 껍질			
state 명 (미국의) 주, 국가, 상태			
tease 동 놀리다, 괴롭히다			
type 명 형(태), 유형, 종류 동 타자를 치다			
wrap 동 포장하다, 싸다			

영어	품사		품사	우리말
cinema	명		형	느슨한, 풀린, 헐렁한
mud	명		명	기체, 가스, 휘발유
elbow	명		형	자랑스러워하는, 자랑스러운
palace	명		명	(미국의) 주, 국가, 상태
band	명		명	담, 울타리
shell	명		동	놀리다, 괴롭히다
loose	형		명 규칙 동 다스리다, 통치하다	
borrow	동		명	영화관, 극장
state	명		명 형(태), 유형, 종류 동 타자를 치다	
curious	형		동	포장하다, 싸다
wrap	동		명	악단, 밴드, 끈
proud	형		명	수평선, 지평선
fence	명		명	진흙, 진흙탕
type	명 동		형	궁금한, 호기심이 많은
tease	동		명	껍데기, 껍질
gas	명		동	빌리다
rule	명 동		명	궁전
horizon	명		명	팔꿈치

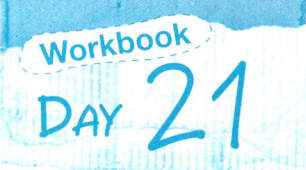
다음 영어단어의 의미를 생각하면서 3번씩 쓰세요.

bake 동 (빵 등을) 굽다			
boss 명 사장, 상사, 상관			
clever 형 영리한, 똑똑한			
custom 명 관습, 풍습			
else 부 (그 밖의) 다른, 그 밖에			
festival 명 축제			
gather 동 모으다, 모이다			
host 명 (파티 등의) 주인, 주최자			
lie 동 눕다, 거짓말하다 명 거짓말			
medicine 명 약, 의학			
pardon 동 용서하다 감 뭐라고요			
project 명 기획, 계획, 과제			
safe 형 안전한			
shine 동 빛나다, 반짝이다			
step 명 (발)걸음, 단계			
teenage 형 십대의			
uniform 명 제복, 유니폼			
wrist 명 손목			

영어	품사		품사	우리말
pardon	동 감		형	영리한, 똑똑한
gather	동		형	십대의
host	명		동 감	용서하다 뭐라고요
step	명		명	제복, 유니폼
bake	동		명	(파티 등의) 주인, 주최자
shine	동		명	손목
custom	명		동 명	눕다, 거짓말하다 거짓말
wrist	명		부	(그 밖의) 다른, 그 밖에
boss	명		동	모으다, 모이다
uniform	명		형	안전한
festival	명		동	(빵 등을) 굽다
project	명		명	약, 의학
teenage	형		명	(발)걸음, 단계
clever	형		명	관습, 풍습
safe	형		동	빛나다, 반짝이다
lie	동 명		명	기획, 계획, 과제
medicine	명		명	사장, 상사, 상관
else	부		명	축제

다음 영어단어의 의미를 생각하면서 3번씩 쓰세요.

balance 명 균형 동 균형을 유지하다			
bottom 명 맨 아래, 바닥			
climb 동 오르다, 올라가다			
danger 명 위험			
emotion 명 감정, 정서			
field 명 들판, 분야, 경기장			
general 형 일반적인, 보편적인			
huge 형 거대한, 엄청난			
list 명 목록, 명단			
mystery 명 불가사의, 신비, 수수께끼			
part 명 일부, 부분			
protect 동 보호하다, 지키다			
sale 명 판매, 할인 판매			
shock 명 충격 동 충격을 주다			
stick 동 붙이다, 붙다 명 막대기			
temple 명 절, 사원			
unique 형 독특한, 특별한, 유일한			
yard 명 마당, 뜰			

영어	품사		뜻	영어
climb	동		동 붙이다, 붙다 명 막대기	
list	명		명 일부, 부분	
emotion	명		명 판매, 할인 판매	
yard	명		명 절, 사원	
balance	명 동		형 일반적인, 보편적인	
unique	형		명 마당, 뜰	
huge	형		명 목록, 명단	
shock	명 동		명 감정, 정서	
bottom	명		형 독특한, 특별한, 유일한	
temple	명		동 오르다, 올라가다	
mystery	명		동 보호하다, 지키다	
part	명		명 들판, 분야, 경기장	
danger	명		명 충격 동 충격을 주다	
stick	동 명		명 균형 동 균형을 유지하다	
general	형		명 불가사의, 신비, 수수께끼	
sale	명		형 거대한, 엄청난	
protect	동		명 위험	
field	명		명 맨 아래, 바닥	

background 명 (사진, 일, 개인 등의) 배경			
bow 통 절하다, 고개를 숙이다 명 절			
cloth 명 옷감, 천			
dead 형 죽은			
enemy 명 적, 적군			
file 명 파일, 기록, 서류			
gift 명 선물, 재능			
hunt 통 사냥하다, 찾다 명 사냥			
level 명 수준, 단계, 높이			
nail 명 손톱, 발톱, 못			
own 형 자기 자신의 통 소유하다			
promise 통 약속하다 명 약속			
sand 명 모래, 모래사장			
shoot 통 (총 등을) 쏘다, 발사하다			
special 형 특별한, 특수한			
terrible 형 끔찍한, 무서운, 심한			
unit 명 (상품의) 한 개, (구성) 단위			
yet 부 (부정문) 아직, (의문문) 이미, 벌써			

영어		우리말	
enemy	명	명 옷감, 천	
promise	동 명	명 손톱, 발톱, 못	
yet	부	명 수준, 단계, 높이	
background	명	명 모래, 모래사장	
gift	명	명 적, 적군	
unit	명	동 (총 등을) 쏘다, 발사하다	
cloth	명	동 사냥하다, 찾다 명 사냥	
own	형 동	형 끔찍한, 무서운, 심한	
file	명	명 (사진, 일, 개인 등의) 배경	
special	형	부 (부정문) 아직, (의문문) 이미, 벌써	
dead	형	명 선물, 재능	
sand	명	명 (상품의) 한 개, (구성) 단위	
level	명	동 절하다, 고개를 숙이다 명 절	
hunt	동 명	형 자기 자신의 동 소유하다	
terrible	형	명 파일, 기록, 서류	
shoot	동	동 약속하다 명 약속	
nail	명	형 죽은	
bow	동 명	형 특별한, 특수한	

48

bowl 명 그릇, 사발			
club 명 동아리, 클럽, 동호회			
decide 통 결정하다, 결심하다			
energy 명 힘, 활기, 에너지			
final 형 마지막의, 최종적인 명 결승전			
giant 형 거대한 명 거인			
hotel 명 호텔			
ice 명 얼음			
judge 명 판사 통 판단하다			
nation 명 나라, 국가			
patient 명 환자 형 참을성 있는			
public 형 공공의, 대중의 명 대중, 일반인			
save 통 아끼다, 구하다, 저축하다			
shout 통 소리 지르다, 외치다 명 외침			
stove 명 난로, 스토브			
thing 명 것, 물건, 일			
trust 명 신뢰 통 믿다, 신뢰하다			
youth 명 젊음, 청춘, 젊은이			

영어	품사	답		뜻	답
nation	몡		통	아끼다, 구하다, 저축하다	
club	몡		혱 거대한 몡 거인		
save	통		몡 신뢰 통 믿다, 신뢰하다		
judge	몡 통		혱 공공의, 대중의 몡 대중, 일반인		
bowl	몡		몡 난로, 스토브		
patient	몡 혱		몡 호텔		
trust	몡 통		몡 것, 물건, 일		
decide	통		통 소리 지르다, 외치다 몡 외침		
stove	몡		몡 얼음		
thing	몡		몡 젊음, 청춘, 젊은이		
energy	몡		몡 나라, 국가		
youth	몡		몡 그릇, 사발		
giant	혱 몡		몡 환자 혱 참을성 있는		
final	혱 몡		몡 판사 통 판단하다		
shout	통 몡		몡 힘, 활기, 에너지		
ice	몡		몡 동아리, 클럽, 동호회		
public	혱 몡		혱 마지막의, 최종적인 몡 결승전		
hotel	몡		통 결정하다, 결심하다		

Answers
정답

Day 01   p. 4

명 기계	schedule
명 목표, (경기의) 골, 득점	shower
부 해외로, 해외에(서)	machine
형 유용한, 쓸모 있는	strange
명 일정, 스케줄	punish
통 벌주다, 처벌하다	fit
명 엔진, 기관, 기관차	decorate
명 뇌	abroad
형 단정한, 정돈된, 깔끔한	imagine
명 평화	useful
통 빗질하다 명 빗	goal
명 실	thread
명 동전	engine
통 상상하다	brain
통 장식하다, 꾸미다	comb
형 이상한, 낯선	neat
명 샤워(하기), 샤워기, 소나기	peace
통 (꼭) 맞다, 어울리다 형 적합한, 알맞은	coin

Day 02   p. 6

통 결혼하다	accident
명 진주	insect
명 목, 목구멍	race
명 사고, 우연	barber
통 야단치다, 꾸짖다	throat
형 평상시의, 보통의, 일상의	flat
명 이발사	straw
통 배달하다, 전하다	branch
형 수줍어하는, 부끄러움을 타는	scold
명 나뭇가지, 지점	god
명 지푸라기, 빨대	pearl
명 신, (G~) 하나님	collect
통 들어가다(오다)	enter
명 자연	shy
통 모으다, 수집하다	marry
명 경주, 경기, 인종	deliver
명 곤충, 벌레	usual
형 평평한, 납작한, 바람이 빠진	nature

Day 03   p. 8

명 퍼센트(%), 백분	float
통 아프다 명 아픔	raincoat
명 비옷	ache
통 (물 위에) 뜨다, 떠다니다	score
명 연기 통 담배를 피우다, 연기가 나다	golden
형 기초적인, 기본적인	basic
명 계곡, 골짜기	thick
통 소개하다	smoke
명 스트레스, 강조 통 강조하다	brave
형 용감한	introduce
형 두꺼운, 굵은, 진한	valley
형 황금빛의, 금으로 만든	college
명 점수, 득점 통 득점하다	stress
명 (단과)대학	magic
명 마법, 마술 형 마법의	desert
통 부러워하다 명 부러움, 선망	percent
명 바늘	needle
명 사막	envy

Day 04   p. 10

통 집중하다, 초점을 맞추다 명 초점	common
전 ~의 건너에 부 가로질러, 맞은편에	essay
명 비명 통 비명을 지르다, 소리치다	pilot
명 안내원, 안내서 통 안내하다	across
명 전투, 싸움	ray
명 조종사, 비행사	interview
명 엄지손가락	strike
명 벽돌	battle
형 다양한, 여러 가지의	neighbor
명 면접, 인터뷰 통 인터뷰하다	various
형 흔한, 평범한, 공통의	design
통 부딪히다, 치다, 때리다	thumb
명 광선	brick
명 남성, 수컷 형 남성의, 수컷의	scream
통 디자인하다, 설계하다 명 디자인, 무늬	male
명 신호 통 신호를 보내다	focus
명 이웃, 이웃 사람	signal
명 수필, 과제물	guide

Day 05　　　p. 12

몡 무덤, 묘	burn
혱 활동적인, 적극적인	strip
몡 태도, 방식	active
몡 기쁨, 즐거움	interest
몡 턱수염	complete
몡 화면, 스크린	service
몡 서비스, 봉사	beard
똥 타다, 태우다, 데다	pleasure
혱 깔끔한, 잘 정돈된 똥 정리하다	reach
혱 완전한 똥 끝마치다, 완료하다	destroy
똥 도착하다, 도달하다, 닿다	tidy
똥 옷을 벗다, (껍질 등을) 벗기다	victory
똥 파괴하다	event
몡 승리	nephew
몡 행사, 사건	screen
몡 남자 조카	flour
몡 (곡물의) 가루, 밀가루	manner
몡 관심, 흥미	grave

Day 06　　　p. 14

몡 사전	stripe
똥 범람시키다 몡 홍수	warn
똥 첨가하다, 더하다	dictionary
몡 잡지	flood
혱 진짜의, 실제의, 진정한	nervous
똥 치다, 때리다, 이기다	add
몡 줄무늬	tight
몡 피부, 가죽	real
몡 사업, 장사, 일, 업무	beat
몡 비밀 혱 비밀의	concert
혱 긴장이 되는, 불안한	magazine
댕 모든 사람, 누구든지	business
똥 경고하다, 주의를 주다	poem
몡 연주회, 음악회	invent
몡 땅바닥, 땅, 토양	everybody
혱 꽉 조이는, 단단한, 빠듯한	secret
몡 시	skin
똥 발명하다	ground

Day 07　　　p. 16

댕 모든 것, 모두	healthy
혱 어리석은, 멍청한	title
똥 존경하다, 칭찬하다	contest
혱 건강한, 건강에 좋은	seed
몡 경기, 시합, 성냥 똥 어울리다	admire
몡 아름다움, 미인	sleeve
몡 이유, 까닭	stupid
몡 대회, 시합	everything
몡 씨앗, 씨	beauty
혱 침착한, 차분한 똥 진정시키다	fold
몡 견해, 전망, 경치	match
똥 (땅을) 파다, 파내다	nest
몡 장대, (지구의) 극	calm
똥 접다	iron
몡 제목	view
몡 쇠, 철, 다리미 똥 다리미질 하다	dig
몡 소매	reason
몡 둥지, 보금자리	pole

Day 08　　　p. 18

똥 따라가다(오다), 따르다	style
몡 어른, 성인 혱 다 자란, 성인의	behind
혱 규칙적인, 정기적인	smart
몡 대화, 회화	follow
몡 자아, 자신	guest
젼 ~ 뒤에, ~에 뒤떨어진 분 뒤에	waste
몡 봉사료, 조언, (뾰족한) 끝	adult
혱 인기 있는, 대중적인	net
몡 캠프, 야영 똥 야영하다	conversation
똥 낭비하다 몡 쓰레기, 낭비	regular
몡 손님	exchange
몡 방식, 스타일, 유행	camp
똥 의논하다, 논의하다	island
혱 영리한, 똑똑한	meal
몡 교환 똥 교환하다, 바꾸다	popular
몡 그물, 망, 네트	discuss
몡 식사, 끼니	self
몡 섬	tip

54

Day 09　　p. 20

뜻	영어
명 항목, 품목	discussion
명 자세, 포즈 동 자세를 취하다	relative
동 믿다, 생각하다	copy
명 친척	sharp
동 복사하다 명 복사(본), 한 부	item
명 주제, 과목	believe
명 충고, 조언	sign
전접 ~ (때)까지	foreign
형 웅장한, 굉장한, 위대한	pose
형 날카로운, 예리한, 뾰족한	must
명 의논, 논의	village
조 ~해야 한다, ~임에 틀림없다	advice
명 표지판, 신호 동 서명하다, 신호를 보내다	till
명 운동, 연습 동 운동하다, 연습하다	cancel
형 외국의	newspaper
명 마을, 촌	grand
동 취소하다	exercise
명 신문	subject

Day 10　　p. 22

뜻	영어
명 버릇, 습관	tool
명 면, 솜	afraid
동 녹다, 녹이다	normal
명 감각, 느낌	war
형 두려워하는, 걱정하는	cotton
동 성공하다, 뒤를 잇다	report
동 전시하다 명 전시품, 전시회	habit
명 전쟁, 전투	succeed
명 종, 종소리, 초인종	captain
형 평범한, 보통의, 정상적인	sense
명 비누	exhibit
명 선장, 기장, 주장	position
형 게으른, 나태한	bell
명 도구, 연장	disease
명 숲, 산림	soap
명 보고(서), 보도 동 알리다, 보도하다	melt
명 질병, 병	lazy
명 자세, 자리, 입장	forest

Day 11　　p. 24

뜻	영어
부 영원히	member
동 따르다, 마구 쏟아지다	soil
명 기침 동 기침하다	hall
명 회원, 구성원	successful
명 연속, 시리즈	weigh
형 살아있는, 활기 넘치는	forever
명 토양, 흙	pour
명 현금	cough
명 존경, 존중 동 존경하다, 존중하다	joke
명 홀, 넓은 방, 복도, 현관	topic
형 성공적인, 성공한	cash
명 서랍	alive
명 주제, 화제	noon
명 농담 동 농담하다	drawer
동 무게가 ~이다, 무게를 재다	exit
전 ~ 아래에, ~ 이하의 부 아래에	respect
명 출구	series
명 정오, 낮 12시	below

Day 12　　p. 26

뜻	영어
명 차고, 주차장	suffer
명 운, 행운	explain
동 허락하다, 허용하다	soldier
동 제공하다, 시중들다, 섬기다	total
명 힘, 능력, 에너지	luck
명 청구서, 계산서, 지폐	return
동 고통을 받다	allow
명 점	western
명 군인, 병사	power
명 동굴	garage
형 서쪽의, (W~) 서양의	northern
동 설명하다, 해명하다	bill
형 완전한, 전체의 명 합계, 총액	memory
명 두 사람(개), 한 쌍, 부부	headache
동 돌아오다(가다), 돌려주다	dot
명 기억력, 기억	serve
형 북쪽의, 북부의	cave
명 두통	couple

Day 13   p. 28

통 죽이다	form
명 10억	principal
명 형태, 종류, 방식, 서식	simple
명 엉망인 상태(상황)	billion
전 ~을 따라 부 함께, 앞으로	solve
형 주된, 주요한 명 교장	course
형 간단한, 단순한	suit
형 확신하는, 확실한, 어떤	along
명 여행, 관광 통 여행하다	wheel
통 표현하다, 나타내다 형 급행의	kill
통 해결하다, 풀다	certain
명 강의, 항로, 방향, 과정	mess
명 바퀴	note
통 걸다, 매달다	express
명 정장, ~옷 통 맞다, 어울리다	rise
형 두 배의, 2인용의, 이중의 명 두 배	tour
통 오르다, 증가하다 명 증가, 상승	hang
명 메모, 쪽지, 기록, 필기	double

Day 14   p. 30

형 추가의, 여분의	center
명 대양, 바다	roast
형 평균의, 보통의 명 평균	tower
형 더 적은, 덜 ~한 부 더 적게, 덜	set
형 맛이 신, 시큼한	average
명 탄생, 출산	message
통 굽다, 볶다 형 구운	extra
명 탑	worm
명 중앙, 중심, 가운데	birth
명 (설문) 조사 통 조사하다, 점검하다	happen
통 놓다, 정하다, (기기를) 맞추다	prepare
통 금이 가다, 깨다 명 금, (갈라진) 틈	drama
명 (땅 속에 사는) 벌레	ocean
명 메시지, 전갈	found
명 드라마, 연극	crack
통 설립하다	sour
통 준비하다, 대비하다	less
통 일어나다, 발생하다	survey

Day 15   p. 32

통 뛰어들다, 다이빙하다, 잠수하다	crazy
통 다루다, 처리하다 명 손잡이	oil
명 금속	symbol
형 눈이 먼, 장님의	already
통 구르다, 굴리다 명 통, 두루마리	shadow
형 미친, 정상이 아닌	fact
명 공간, 장소, 우주	powerful
부 이미, 벌써	treat
통 대하다, 다루다, 대접하다	blind
명 언어, 말	wing
명 상징(물), 부호	handle
명 천장	dive
명 기름, 석유	space
명 그늘, 어둠, 그림자	language
명 사실, 진실	freedom
명 날개	ceiling
형 강력한, 힘 센, 영향력 있는	roll
명 자유	metal

Day 16   p. 34

명 턱	shake
통 건너다, 횡단하다	during
명 밧줄, 줄	trouble
부 또한, ~도, 뿐만 아니라	guard
통 흔들다, 흔들리다	storm
형 타당한, 공정한 명 박람회	cross
명 사각형 덩어리, 한 구획 통 막다	order
명 체계, 장치, 제도	fry
명 사슬, 쇠줄, (식당 등의) 체인	print
명 곤란, 문제, 말썽	also
명 명령, 순서, 주문 통 주문하다, 명령하다	jaw
전 ~ 동안, ~ 중에	fair
형 지혜로운, 슬기로운, 현명한	rope
명 경비(요원), 감시 통 지키다, 보호하다	block
명 폭풍, 폭풍우	million
통 인쇄하다, 찍다 명 출판(물), 활자	chain
통 튀기다, 굽다	system
명 100만	wise

Day 17   p. 36

형 틀린, 거짓의, 가짜의	furniture
통 출발하다, 떠나다, 남기다	rub
명 감옥, 교도소	sport
형 잠이 든, 자고 있는	false
명 모양, 형태, 상태	tail
명 군중, 인파, 무리	mind
명 (종합)대학	wooden
명 가구	asleep
통 불다, (바람이) 불다	university
명 열(기), 더위 통 데우다	eager
형 나무로 된, 목재의	shape
명 기회, 가능성	partner
명 꼬리	blow
형 간절히 바라는, 열망하는, 열심인	leave
명 경기, 스포츠, 운동	crowd
명 생각, 마음 통 상관하다, 꺼리다	prison
통 비비다, 문지르다	chance
명 파트너, 상대, 동반자	heat

Day 18   p. 38

명 역사, 역사학	mistake
명 상, 상품, 경품	share
명 왕관	lend
통 찢다, 뜯다 명 눈물	tube
통 돈을 벌다, 받다, 얻다	prize
형 무례한, 버릇 없는	stage
명 도표, 차트	boil
명 소포	worse
명 튜브, 관	gallery
명 유행, 인기, 패션	tear
형 더 못한, 더 악화된	crown
명 실수, 잘못, 오류	rude
통 끓다, 끓이다, 삶다	author
통 함께 쓰다, 공유하다, 나누다	package
명 미술관, 화랑	history
명 단계, 시기, 무대	chart
통 빌려주다	fashion
명 작가, 저자	earn

Day 19   p. 40

형 대 어느 하나(의), 각각(의) 부 ~도 또한	pain
명 구멍, 구덩이	stamp
통 생산하다, 만들다, (영화 등을) 제작하다	bone
명 선택, 선택권	rubber
명 문장, 형벌, 선고	taste
명 사다리	either
명 지역, 구역, 분야	tune
명 맛 통 맛이 나다, 맛을 보다	mix
명 여성, 암컷 형 여성의, 암컷의	wild
명 고무	choice
형 잔인한, 잔혹한	sentence
명 곡, 곡조, 선율 통 조율하다	forgive
명 뼈	produce
명 우표, 도장	hole
명 통증, 아픔, 고통	female
통 용서하다	ladder
형 야생의	area
통 섞다, 섞이다	cruel

Day 20   p. 42

명 영화관, 극장	loose
명 진흙, 진흙탕	gas
명 팔꿈치	proud
명 궁전	state
명 악단, 밴드, 끈	fence
명 껍데기, 껍질	tease
형 느슨한, 풀린, 헐렁한	rule
통 빌리다	cinema
명 (미국의) 주, 국가, 상태	type
형 궁금한, 호기심이 많은	wrap
통 포장하다, 싸다	band
형 자랑스러워하는, 자랑스러운	horizon
명 담, 울타리	mud
명 형(태), 유형, 종류 통 타자를 치다	curious
통 놀리다, 괴롭히다	shell
명 기체, 가스, 휘발유	borrow
명 규칙 통 다스리다, 통치하다	palace
명 수평선, 지평선	elbow

Day 21   p. 44

통 용서하다 감 뭐라고요	clever
통 모으다, 모이다	teenage
명 (파티 등의) 주인, 주최자	pardon
명 (발)걸음, 단계	uniform
통 (빵 등을) 굽다	host
통 빛나다, 반짝이다	wrist
명 관습, 풍습	lie
명 손목	else
명 사장, 상사, 상관	gather
명 제복, 유니폼	safe
명 축제	bake
명 기획, 계획, 과제	medicine
형 십대의	step
형 영리한, 똑똑한	custom
형 안전한	shine
통 눕다, 거짓말하다 명 거짓말	project
명 약, 의학	boss
부 (그 밖의) 다른, 그 밖에	festival

Day 22   p. 46

통 오르다, 올라가다	stick
명 목록, 명단	part
명 감정, 정서	sale
명 마당, 뜰	temple
명 균형 통 균형을 유지하다	general
형 독특한, 특별한, 유일한	yard
형 거대한, 엄청난	list
명 충격 통 충격을 주다	emotion
명 맨 아래, 바닥	unique
명 절, 사원	climb
형 불가사의, 신비, 수수께끼	protect
명 일부, 부분	field
명 위험	shock
통 붙이다, 붙다 명 막대기	balance
형 일반적인, 보편적인	mystery
명 판매, 할인 판매	huge
통 보호하다, 지키다	danger
명 들판, 분야, 경기장	bottom

Day 23   p. 48

명 적, 적군	cloth
통 약속하다 명 약속	nail
부 (부정문) 아직, (의문문) 이미, 벌써	level
명 (사진, 일, 개인 등의) 배경	sand
명 선물, 재능	enemy
명 (상품의) 한 개, (구성) 단위	shoot
명 옷감, 천	hunt
형 자기 자신의 통 소유하다	terrible
명 파일, 기록, 서류	background
형 특별한, 특수한	yet
형 죽은	gift
명 모래, 모래사장	unit
명 수준, 단계, 높이	bow
통 사냥하다, 찾다 명 사냥	own
형 끔찍한, 무서운, 심한	file
통 (총 등을) 쏘다, 발사하다	promise
명 손톱, 발톱, 못	dead
통 절하다, 고개를 숙이다 명 절	special

Day 24   p. 50

명 나라, 국가	save
명 동아리, 클럽, 동호회	giant
통 아끼다, 구하다, 저축하다	trust
명 판사 통 판단하다	public
명 그릇, 사발	stove
명 환자 형 참을성 있는	hotel
명 신뢰 통 믿다, 신뢰하다	thing
통 결정하다, 결심하다	shout
명 난로, 스토브	ice
명 것, 물건, 일	youth
명 힘, 활기, 에너지	nation
명 젊음, 청춘, 젊은이	bowl
형 거대한 명 거인	patient
형 마지막의, 최종적인 명 결승전	judge
통 소리 지르다, 외치다 명 외침	energy
명 얼음	club
형 공공의, 대중의 명 대중, 일반인	final
명 호텔	decide

메모해요!

전체 7단계를 통하여 2,880개의 핵심 초·중·고등 필수 영어단어 완벽 마스터 시리즈

Power Voca 초급 1	360단어	초등 필수 영어단어
Power Voca 초급 2	360단어	초등 필수 영어단어
Power Voca 중급 1	432단어	중등 내신 기본 영어단어
Power Voca 중급 2	432단어	중등 내신 필수 영어단어
Power Voca 중급 3	432단어	중등 내신 필수 영어단어
Power Voca 고급 1	432단어	고등 내신 기본 영어단어
Power Voca 고급 2	432단어	고등 내신 필수 영어단어

▶ 초급을 통하여 교과부 선정 초등 필수 영어단어 완벽 마스터

▶ 중급을 통하여 교과부 선정 중등 필수 영어단어 완벽 마스터

▶ 고급을 통하여 교과부 선정 단어 외 EBS 교재 등 고등 필수 영어단어 완벽 마스터